Weisheit im Märchen

Weisheit im Märchen
Herausgegeben von Theodor Seifert

Helmut Remmler

Der Königssohn, der sich vor nichts fürchtet

Mit vierzig fängt das Leben an

Kreuz Verlag

Dieses Buch ist als Hörbuch erschienen.
Blinde können es kostenlos entleihen bei der

Deutschen Blindenstudienanstalt
– Emil-Krückmann-Bücherei –
Liebigstraße 9
3550 Marburg   Telefon: 0 64 21 / 6 70 53

oder bei der

Deutsche Blinden-Hörbücherei
Am Schlag 2a
3550 Marburg   Telefon: 0 64 21 / 60 62 61

8. Auflage (26.–27. Tausend) 1991
© Kreuz Verlag AG Zürich 1984
Gestaltung: Hans Hug
Umschlagfoto: Editrice elle dici, Turin
ISBN 3-268-00011-8

Inhalt

Vorwort des Herausgebers
7
Der Königssohn, der sich vor nichts fürchtet
11
Fängt mit vierzig wirklich das Leben an?
19
Aufbruch in die weite Welt
25
»Ich kann alles, wozu ich Lust habe«
41
Die List des Riesen
53
Der rettende Löwe
67
Die schwarze Jungfrau
85
Drei Nächte im verzauberten Schloß
101
Der Wink Gottes
110
»...ohne einen Laut von dir zu geben«
125
Anmerkungen
133

Vorwort

Wie lange ist es her, daß Sie in aller Ruhe ein Märchen gelesen haben? Wann haben Sie sich zum letzten Mal dem verzaubernden Einfluß dieser alten menschlichen Geschichten geöffnet?

Jedes Märchen stellt einen kleinen wichtigen Ausschnitt aus der großen Erfahrung der Menschen im Umgang mit sich selbst und den verschiedensten Situationen des Lebens dar. Diese Geschichten sind eng mit symbolischen Bildern verbunden, die Prinzessin und der Königssohn seien hier nur beispielhaft erwähnt, deren Sinn wir Heutigen nicht mehr unmittelbar verstehen. Die den meisten von uns am ehesten bekannten Märchen der Brüder Grimm, zu denen auch das Märchen vom Königssohn, der sich vor nichts fürchtet, gehört, sind leichter zugänglich als die Märchen anderer Kulturkreise, die aber ebenso verständlich werden können.

Märchen spiegeln typische allgemeinmenschliche Schicksale in bildhafter Form wider. Die Gesamtheit aller Märchen zeigt in etwa, was sich in der Seele des Menschen seit Urzeiten abspielte, und worauf wir in Notzeiten immer wieder zurückgreifen müssen.

So greift auch jeder Band dieser Reihe „Weisheit

im Märchen" anhand eines bestimmten Märchens verschiedene dazugehörende Lebenssituationen auf. Gerade in ausweglosen Situationen – und wer kennt sie nicht? – ist dieses Märchen vom Königssohn ein wichtiger Wegweiser. Manche Krise des eigenen Lebensweges wird der Leser wiedererkennen, mit einigen der unser Leben vom Unbewußten her bestimmenden Faktoren wieder bekannt werden.

Am besten ist es, Sie lesen zuerst den Text des Märchens, den Sie auf den Seiten 11–18 dieses Bandes finden, und lassen es in Ruhe auf sich wirken. Spüren Sie dann dem nach, was die Geschichte in Ihnen anregt, und lassen Sie sich mitnehmen von der Kraft und Vision, die Ihnen die Bilderwelt vermittelt. Lassen Sie sich von Ihren eigenen Reaktionen überraschen und vertrauen Sie darauf, daß auch schon darin wichtige Hinweise enthalten sind. Dann folgen Sie mit Helmut Remmler dem Schicksal des jungen Königssohns bis hin zu jenen Stationen seines Lebens, bei denen er den Einklang mit sich selbst zu finden beginnt.

Einige Hinweise zur Literatur:

Die Autoren dieser Reihe haben sich bei den Texten der Märchen an folgende Ausgaben gehalten: *Kinder- und Hausmärchen. Gesammelt durch die Brüder Grimm*, 2 Bände, Manesse Verlag.

Wer sich weiter mit der Deutung von Märchen beschäftigen möchte, dem empfehlen die Autoren außer den Bänden dieser Reihe folgende Bücher:

von Franz, Marie-Louise: Das Weibliche im Märchen, Stuttgart 1977; Birkhäuser-Oeri, Sibylle: Die Mutter im Märchen, Stuttgart 1976; Dieckmann, Hans: Gelebte Märchen, Hildesheim 1978; Kast, Verena: Wege aus Angst und Symbiose im Märchen, Olten 1981.

Diese Werke behandeln weitere große Lebensthemen, die in unserer Reihe nicht berücksichtigt werden konnten. Sie enthalten darüber hinaus wichtige Ergänzungen, die der persönlichen Vertiefung und Bereicherung dienen.

Theodor Seifert

Der Königssohn,
der sich vor nichts fürchtet

Es war einmal ein Königssohn, dem gefiel's nicht mehr daheim in seines Vaters Haus, und weil er vor nichts Furcht hatte, so dachte er: Ich will in die weite Welt gehen, da wird mir Zeit und Weile nicht lang, und ich werde wunderliche Dinge genug sehen. Also nahm er von seinen Eltern Abschied und ging fort, immer zu, von Morgen bis Abend, und es war ihm einerlei, wo hinaus ihn der Weg führte. Es trug sich zu, daß er vor eines Riesen Haus kam, und weil er müde war, setzte er sich vor die Türe und ruhte. Und als er seine Augen so hin und her gehen ließ, sah er auf dem Hof des Riesen Spielwerk liegen: das waren ein paar mächtige Kugeln und Kegel so groß als ein Mensch. Über ein Weilchen bekam er Lust, stellte die Kegel auf und schob mit den Kugeln danach, schrie und rief, wenn die Kegel fielen, und war guter Dinge. Der Riese hörte den Lärm, streckte seinen Kopf zum Fenster hinaus und erblickte einen Menschen, der nicht größer war als andere und doch mit seinen Kegeln spielte. »Würmchen«, rief er, »was kegelst du mit meinen Kegeln? Wer hat dir die Stärke dazu gegeben?« Der Königssohn schaute auf, sah den Riesen an und sprach: »O du Klotz, du meinst wohl, du hättest allein starke Arme? Ich kann alles, wozu ich Lust habe.« Der Riese kam herab, sah dem Kegeln ganz verwundert zu und sprach: »Menschenkind, wenn du der Art bist, so geh und hol mir einen Apfel vom Baum des Lebens.« – »Was willst du damit?« sprach der Königssohn. »Ich will den Apfel nicht für mich«, antwortete der Riese, »aber ich habe eine Braut, die verlangt danach; ich bin weit in der Welt umhergegangen und kann den Baum nicht finden.« – »Ich will ihn schon finden«, sagte der Königssohn, »und ich weiß nicht, was mich abhalten soll, den Apfel herunterzuholen.« Der Riese sprach: »Du meinst wohl, das wäre so leicht? Der Garten, worin der Baum steht, ist von einem eisernen Gitter umgeben, und vor dem Gitter liegen wilde Tiere, eins neben dem anderen, die halten Wache und lassen keinen Menschen hinein.« – »Mich werden sie schon einlassen«, sagte der Königssohn. »Ja, gelangst du auch in den Garten und siehst den Apfel am Baum hängen, so ist er noch nicht dein: es hängt ein Ring davor, durch den muß einer die Hand stecken, wenn er den Apfel erreichen und abbrechen will, und das ist noch keinem geglückt.« – »Mir soll's schon glücken«, sprach der Königssohn.

Da nahm er Abschied von dem Riesen, ging fort über Berg und Tal, durch Felder und Wälder, bis er endlich den Wundergarten fand. Die Tiere lagen ringsherum, aber sie hatten die Köpfe gesenkt und schliefen. Sie erwachten auch nicht, als er herankam, sondern er trat über sie weg, stieg über das Gitter und kam glücklich in den Garten.

Da stand mitten inne der Baum des Lebens, und die roten Äpfel leuchteten an den Ästen. Er kletterte an dem Stamm in die Höhe, und wie er nach einem Apfel reichen wollte, sah er einen Ring davor hängen, aber er steckte seine Hand ohne Mühe hindurch und brach den Apfel. Der Ring schloß sich fest an seinen Arm, und er fühlte, wie auf einmal eine gewaltige Kraft durch seine Adern drang. Als er mit dem Apfel von dem Baum wieder herabgestiegen war, wollte er nicht über das Gitter klettern, sondern faßte das große Tor und brauchte nur einmal daran zu schütteln, so sprang es mit Krachen auf. Da ging er hinaus, und der Löwe, der davorgelegen hatte, war wach geworden und sprang ihm nach, aber nicht in Wut und Wildheit, sondern er folgte ihm demütig als seinem Herrn.

Der Königssohn brachte dem Riesen den versprochenen Apfel und sprach: »Siehst du, ich habe ihn ohne Mühe geholt.« Der Riese war froh, daß sein Wunsch so bald erfüllt war, eilte zu seiner Braut und gab ihr den Apfel, den sie verlangt hatte. Es war eine schöne und kluge Jungfrau, und da sie den Ring nicht an seinem Arm sah, sprach sie: »Ich glaube nicht eher, daß du den Apfel geholt hast, als bis ich den Ring an deinem Arm erblicke.« Der Riese sagte: »Ich brauche nur heimzugehen und ihn zu holen«, und meinte, es wäre ein leichtes, dem schwachen Menschen mit Gewalt wegzunehmen, was er nicht gutwillig geben wollte. Er forderte also den Ring von ihm, aber der Königssohn weigerte sich. »Wo der Apfel ist, muß auch der Ring sein«, sprach der Riese, »gibst du ihn nicht gutwillig, so mußt du mit mir darum kämpfen.«

Sie rangen lange Zeit miteinander, aber der Riese konnte dem Königssohn, den die Zauberkraft des Ringes stärkte, nichts anhaben. Da sann der Riese auf eine List und sprach: »Mir ist warm geworden bei dem Kampf und dir auch, wir wollen im Flusse baden und uns abkühlen, eh wir wieder anfangen.« Der Königssohn, der von Falschheit nichts wußte, ging mit ihm zu dem Wasser, streifte mit seinen Kleidern auch den Ring vom Arm und sprang in den Fluß. Alsbald griff der Riese nach dem Ring und lief damit fort, aber der Löwe, der den Diebstahl bemerkt hatte, setzte dem Riesen nach, riß den Ring ihm aus der Hand und brachte ihn seinem Herrn zurück. Da stellte sich der Riese hinter einen Eichbaum, und als der Königssohn beschäftigt war, seine Kleider wieder anzuziehen, überfiel er ihn und stach ihm beide Augen aus.

Nun stand da der arme Königssohn, war blind und wußte sich nicht zu helfen. Da kam der Riese wieder herbei, faßte ihn bei der Hand, wie jemand, der ihn leiten wollte, und führte ihn auf die Spitze eines hohen Felsens. Dann ließ er ihn stehen und dachte: Noch ein paar Schritte weiter, so stürzt er sich tot, und ich kann ihm den Ring abziehen. Aber der treue Löwe hatte seinen Herrn nicht verlassen, hielt ihn am Kleide fest und zog ihn allmählich wieder zurück. Als der Riese kam und den Toten berauben wollte, sah er, daß seine List vergeblich gewesen war. »Ist denn ein so schwaches Menschenkind nicht zu verderben!« sprach er

zornig zu sich selbst, faßte den Königssohn und
führte ihn auf einem andern Weg nochmals zu dem
Abgrund; aber der Löwe, der die böse Absicht
merkte, half seinem Herrn auch hier aus der
Gefahr. Als sie nahe zum Rand gekommen waren,
ließ der Riese die Hand des Blinden fahren und
wollte ihn allein zurücklassen, aber der Löwe stieß
den Riesen, daß er hinabstürzte und zerschmettert
auf den Boden fiel.

Das treue Tier zog seinen Herrn wieder von
dem Abgrund zurück und leitete ihn zu einem
Baum, an dem ein klarer Bach floß. Der Königssohn setzte sich da nieder, der Löwe aber legte sich
und spritzte mit seiner Tatze ihm das Wasser ins
Antlitz. Kaum hatten ein paar Tröpfchen die
Augenhöhlen benetzt, so konnte er wieder etwas
sehen und bemerkte ein Vöglein, das flog ganz nah
vorbei, stieß sich aber an einem Baumstamm:
hierauf ließ es sich in das Wasser herab und badete
sich darin, dann flog es auf, strich, ohne anzustoßen, zwischen den Bäumen hin, als hätte es sein
Gesicht wieder bekommen. Da erkannte der
Königssohn den Wink Gottes, neigte sich herab zu
dem Wasser und wusch und badete sich darin das
Gesicht. Und als er sich aufrichtete, hatte er seine
Augen wieder so hell und rein, wie sie nie gewesen
waren.

Der Königssohn dankte Gott für die große
Gnade und zog mit seinem Löwen weiter in der
Welt herum. Nun trug es sich zu, daß er vor ein
Schloß kam, welches verwünscht war. In dem Tor
stand eine Jungfrau von schöner Gestalt und feinem

Antlitz, aber sie war ganz schwarz. Sie redete ihn an und sprach: »Ach, könntest du mich erlösen aus dem bösen Zauber, der über mich geworfen ist!« – »Was soll ich tun?« sprach der Königssohn. Die Jungfrau antwortete: »Drei Nächte mußt du in dem großen Saal des verwünschten Schlosses zubringen, aber es darf keine Furcht in dein Herz kommen. Wenn sie dich auf das ärgste quälen und du hältst es aus, ohne einen Laut von dir zu geben, so bin ich erlöst; das Leben dürfen sie dir nicht nehmen.« Da sprach der Königssohn: »Ich fürchte mich nicht, ich will's mit Gottes Hilfe versuchen.« Also ging er fröhlich in das Schloß, und als es dunkel ward, setzte er sich in den großen Saal und wartete. Es war aber still bis Mitternacht; da fing plötzlich ein großer Lärm an, und aus allen Ecken und Winkeln kamen kleine Teufel herbei. Sie taten, als ob sie ihn nicht sähen, setzten sich mitten in die Stube, machten ein Feuer an und fingen an zu spielen. Wenn einer verlor, sprach er: »Es ist nicht richtig, es ist einer da, der nicht zu uns gehört, der ist schuld, daß ich verliere.« – »Wart, ich komme, du hinter dem Ofen«, sagte ein anderer. Das Schreien ward immer größer, so daß es niemand ohne Schrecken hätte anhören können. Der Königssohn blieb ganz ruhig sitzen und hatte keine Furcht: doch endlich sprangen die Teufel von der Erde auf und fielen über ihn her, und es waren so viele, daß er sich ihrer nicht erwehren konnte. Sie zerrten ihn auf dem Boden herum, zwickten, stachen, schlugen und quälten ihn, aber er gab keinen Laut von sich. Gegen Morgen verschwanden sie, und er war

so abgemattet, daß er kaum seine Glieder regen
konnte; als aber der Tag anbrach, da trat die
schwarze Jungfrau zu ihm herein. Sie trug in ihrer
Hand eine kleine Flasche, worin Wasser des Lebens
war; damit wusch sie ihn, und alsbald fühlte er,
wie alle Schmerzen verschwanden und frische Kraft
in seine Adern drang. Sie sprach: »Eine Nacht hast
du glücklich ausgehalten, aber noch zwei stehen dir
bevor.« Da ging sie wieder weg, und im Weggehen
bemerkte er, daß ihre Füße weiß geworden waren.
In der folgenden Nacht kamen die Teufel und
fingen ihr Spiel aufs neue an: sie fielen über den
Königssohn her und schlugen ihn viel härter als in
der vorigen Nacht, daß sein Leib voll Wunden war.
Doch da er alles still ertrug, mußten sie von ihm
lassen, und als die Morgenröte anbrach, erschien
die Jungfrau und heilte ihn mit dem Lebenswasser.
Und als sie wegging, sah er mit Freuden, daß sie
schon weiß geworden war bis zu den Fingerspitzen.
Nun hatte er nur noch eine Nacht auszuhalten,
aber die war die schlimmste. Der Teufelsspuk kam
wieder: »Bist du noch da?« schrien sie, »du sollst
gepeinigt werden, daß dir der Atem stehenbleibt.«
Sie stachen und schlugen ihn, warfen ihn hin und
her und zogen ihn an Armen und Beinen, als
wollten sie ihn zerreißen; aber er duldete alles und
gab keinen Laut von sich. Endlich verschwanden
die Teufel, aber er lag da ohnmächtig und regte
sich nicht: er konnte auch nicht die Augen aufheben,
um die Jungfrau zu sehen, die hereinkam und ihn
mit dem Wasser des Lebens benetzte und begoß.
Aber auf einmal war er von allen Schmerzen

befreit und fühlte sich frisch und gesund, als wäre er aus einem Schlaf erwacht, und wie er die Augen aufschlug, so sah er die Jungfrau neben sich stehen, die war schneeweiß und schön wie der helle Tag. »Steh auf«, sprach sie, »und schwing dein Schwert dreimal über die Treppe, so ist alles erlöst.« Und als er das getan hatte, da war das ganze Schloß vom Zauber befreit, und die Jungfrau war eine reiche Königstochter. Die Diener kamen und sagten, im großen Saale wäre die Tafel schon zubereitet und die Speisen aufgetragen. Da setzten sie sich nieder, aßen und tranken zusammen, und abends ward in großen Freuden die Hochzeit gefeiert.

Fängt mit vierzig wirklich das Leben an?

Als ich mit 26 Jahren während meines Medizinstudiums in Amsterdam an einem gewöhnlichen Werktag mittags durch die Kalverstraat ging, bemerkte ich, daß ziemlich viele Menschen, die in der Stadt arbeiteten und in der Nähe einen Mittagsimbiß zu sich genommen hatten, durch einen Torbogen verschwanden. Neugierig folgte ich ihnen und gelangte durch einen Innenhof in eine Kirche, in der ein Pastor jeden Mittag eine kurze besinnliche Predigt hielt. An jenem Mittag sprach er über das Thema »Mit vierzig fängt das Leben an«.

Sind das nicht wieder solche unverantwortlichen, leeren Versprechungen für Älterwerdende, Trostpflästerchen für die Resignation gegenüber unaufhaltsamen biologischen Abbauvorgängen? Hatte ich doch als Junge aus Gesprächen Erwachsener, die damals in den Vierzigern waren, aufgeschnappt, daß man vom Leben nicht mehr viel erwarten könne, der Höhepunkt sei überschritten, und jetzt gehe es langsam dem Grabe entgegen. Die schönen Tage des Lebens lägen doch nun schon hinter einem.

Eugen Roth bringt diese Situation noch plastischer zum Ausdruck:

Die guten Vierziger

Das Leben, meint ein holder Wahn,
Geht erst mit vierzig Jahren an.
Wir lassen uns auch leicht betören
Von Meinungen, die gern wir hören,
Und halten, längst schon vierzigjährig,
Meist unsre Kräfte noch für bärig.
Was haben wir, gestehn wir's offen,
Von diesem Leben noch zu hoffen?
Ein Weilchen sind wir noch geschäftig
Und vorderhand auch steuerkräftig.
Doch spüren wir, wie nach und nach
Gemächlich kommt das Ungemach
Und wie Hormone und Arterien
Schön langsam gehen in die Ferien.
Man nennt uns rüstig, nennt uns wacker
Und denkt dabei: »Der alte Knacker!«
Wir stehn auf unsres Lebens Höhn,
Doch ist die Aussicht gar nicht schön,
Ganz abgesehn, daß auch zum Schluß –
Wer droben, wieder runter muß.
Wer es genau nimmt, kommt darauf:
Mit vierzig hört das Leben auf[1].

Wer hat nun recht, der Pastor oder Eugen Roth?

Als der Pastor damals weitersprach, faszinierten mich seine Ausführungen immer mehr. Vor allem ein Bild prägte sich mir ein, das mir dann, als ich selber in die Vierziger kam, ganz gegenwärtig war und mir meine Lebenssituation besser verstehen half: Er verglich das Leben mit einer Eisenbahnfahrt. Am Anfang findet man sich in einem unüberschaubaren Gewirr von Gleisen – wie in einem Rangierbahnhof –, und die zahlreichen Weichen ermöglichen immer wieder den Wechsel von einem Gleis zu einem anderen. Der Mensch etwa zwischen 20 und 30 Jahren ist manchmal ängstlich erschrocken über diese Vielfalt der Möglichkeiten: Wie soll ich mich da bloß orientieren, wie kann ich meine Richtung finden? Andererseits genießt er es oftmals auch, neue Erfahrungen zu machen, sich Veränderungen zu überlassen, einen Wechsel zu wagen, zum Beispiel im Beruf oder in der Partnerschaft. In diesem Alter sind solche Lebensschritte noch nicht so folgenschwer wie später, auch lassen sich Fehlentscheidungen oft noch korrigieren. Aber je älter wir werden, um so weniger Weichenstellungen sind möglich, es hat sich eine allgemeine Richtung der Lebensfahrt entwickelt, die Zahl der Gleise wird immer geringer und damit verringern sich auch die Wahlmöglichkeiten. Zwar kommen um die Vierzig noch einmal einige Weichen, die einen mehr oder weniger grundlegenden Wechsel ermöglichen, aber schließlich hat man das Gefühl, sich auf einer eingleisigen Strecke zu befinden. Dies Gefühl kann fatal sein, wenn ich bemerke, daß ich für den Rest des Lebens auf dem falschen Weg bin, aber es ist auch möglich, daß die Eingleisigkeit als etwas Positives erlebt wird, vielleicht sogar verbunden mit dem Gefühl der Erleichterung. – Der Pastor meinte damals, man könne nun endlich die Fahrt genießen und die Schönheit der vorbeigleitenden Landschaft erleben, ohne ständig auf Weichen achten zu müssen. Man könne auch mal ein Nickerchen machen oder ganz einfach ein wenig in sich gehen, in sich hineinhorchen, sich seinen Phantasien überlassen. Wenn ich die Ahnung habe, daß ich auf dem richtigen Weg bin – selbst wenn ich das Ziel noch nicht kenne –, kann ich mich vertrauensvoll der Fahrt überlassen, die von meinem inneren Lokomotivführer gesteuert wird.

Mit vierzig fängt das Leben an, heißt also: Ich komme allmählich immer mehr in Einklang mit meinem Weg. Mit einem weinenden und einem zustimmend lächelnden Auge kann ich die Eingleisigkeit annehmen und auf den ständigen Wechsel verzichten. Schließlich ist diese Form von Eingleisigkeit nicht das starre und eintönige Festhalten an einer einmal eingeschlagenen Richtung von Anfang an, sondern hat sich entwickelt aus tausendfachen, oft auch schmerzlichen Erfahrungen, aus den vielfältigen Wechselfällen des Lebens und aus meinen bewußten oder auch unbewußten Entscheidungen in bestimmten Lebenssituationen. Im Gefühl, auf der richtigen Spur zu sein, kann ich es gelassen und oft sogar froh hinnehmen, wenn viel Unwesentliches, das zwar an sich ganz interessant sein mag, auf der Strecke geblieben ist.

Mit vierzig fängt das Leben an, soll nicht bedeuten, daß die bisherige Fahrt kein Leben war – es war oft blutvolles Leben, nicht von minderem Wert und unumgänglich notwendig, um zu dem späteren reifen Zustand der Eingleisigkeit zu kommen. Es müßte also eigentlich heißen: Mit vierzig fängt ein neues Leben an.

Als ich selber in dieses Alter kam, habe ich es

tatsächlich so erlebt. Zunächst konnte ich mich nicht so leicht mit dem Geringerwerden der Möglichkeiten abfinden – erst sehr viel später erkannte ich, daß Möglichkeiten einen quantitativen und einen qualitativen Aspekt haben. Und als ich in einem Vortrag einmal etwas von »gereifter Resignation« hörte, schien mir das zunächst wieder etwas mit billiger Tröstung zu tun zu haben. Wenn ich einen großen Teil meines Lebens hinter mir habe und ich mich frage: Was wollte ich eigentlich erreichen? Was habe ich wirklich erreicht? Was kann ich noch erreichen? Welche Neigungen muß ich unerfüllt lassen? Welche Begabungen werden unentfaltet bleiben und welche Wünsche muß ich für immer begraben? – dann bleibt doch eigentlich nur Resignation. Meist wird darunter jedoch etwas Negatives verstanden, im Vordergrund steht meist die Verzichtleistung mit einem Unterton von Hoffnungslosigkeit. Einer gereiften Resignation jedoch entspringt nach dem britischen Psychoanalytiker Elliott Jaques die wahre Heiterkeit, die das Unvollkommene überwindet, indem sie es hinnimmt. Es muß nicht mehr alles perfekt sein, unvermeidbare Unvollkommenheiten müssen nicht mehr als schreckliches und kränkendes Versagen erlebt werden, auch nicht gelungene Lösungen können gelassen hingenommen werden. Nach C. G. Jung kommt es bei der Selbstwerdung ohnehin nicht auf Vollkommenheit an, sondern auf Vollständigkeit im Sinne der Ganzheit.

Nicht wenigen Menschen gelingt es sogar, jenseits der Vierzig sich noch ganz neue Erlebnisbereiche zu erschließen, sei es, daß sie sich eine neue Sportart erobern, noch ein Instrument spielen lernen, sich einem bisher unbekannten Wissensgebiet zuwenden oder einen neuen Zugang finden zu Möglichkeiten des Erlebens mit dem Leib und den Sinnen. Und oft entdeckt ein Mensch, der sich bereits gut zu kennen glaubte, in diesem Alter bisher verborgen gebliebene Eigenschaften und ungeahnte Fähigkeiten an sich selbst, die jetzt plötzlich zur Entfaltung drängen. In vielen Fällen hat man dabei den Eindruck, daß dieses »Neue« sich gleichsam als fruchtbare Folge einer positiv verstandenen Eingleisigkeit entwickelt.

Ja, auch der Nachmittag des Lebens kann sehr schön sein, wenn die hektische Geschäftigkeit des Vormittags und die drückende Hitze des Mittags bereits hinter uns liegen, wenn die Sonne die ganze Welt in warmen Farben erscheinen und die innere Fülle des Lebens in ihrem Glanze aufleuchten läßt, bevor sie sich dann langsam dem Horizont zuneigt. Das Wiederabsinken der Sonne nach Erreichen eines Zenites ist ja nicht einfach nur Untergang, sondern in der Fülle des Nachmittags und Abends strömen alle Erlebnisse und Erfahrungen des ganzen Tages zusammen, woraus sich dann noch einmal etwas ganz Neues entwickeln kann. Jedenfalls kenne ich eine ganze Reihe von Menschen, die am Nachmittag des Lebens das Blatt noch einmal gewendet haben und von sich mit Recht sagen können, daß sie erst jenseits der Vierzig eigentlich begonnen haben zu leben, jedenfalls erfüllt und bewußt zu leben.

Doch schauen wir uns jetzt einmal unser Märchen an, vielleicht kann uns der Königssohn in diesen Fragen ein wenig weiterhelfen.

Aufbruch in die weite Welt

AUF DEM WEGE SEIN

»Es war einmal ein Königssohn, dem gefiel's nicht mehr daheim in seines Vaters Haus, und weil er vor nichts Furcht hatte, so dachte er: Ich will in die weite Welt gehen, da wird mir Zeit und Weile nicht lang, und ich werde wunderliche Dinge genug sehen. Also nahm er von seinen Eltern Abschied und ging fort, immer zu, von Morgen bis Abend, und es war ihm einerlei, wo hinaus ihn der Weg führte. Es trug sich zu, daß er vor eines Riesen Haus kam...«

Unser Märchen gliedert sich deutlich in zwei ganz unterschiedliche Abschnitte, die sinnbildlich den beiden Lebenshälften des Königssohns entsprechen. In beiden Phasen, die durch eine schwere Krise voneinander getrennt sind, gelten jeweils andere Maßstäbe und Lebensgesetze.

Der Königssohn ist in der Zeit der Pubertät mit der Situation in seinem Elternhaus nicht mehr zufrieden und geht daher von zu Hause weg. Er hat es anscheinend satt, in dieser konventionellen, höfischen Umwelt einfach nur noch zu funktionieren. Es macht sich ein Gefühl der Leere und Sinnlosigkeit breit. Die Langeweile treibt ihn hinaus in die Welt, er möchte interessante Abenteuer erleben und »wunderliche Dinge« sehen. Ein Ziel hat er nicht, »es war ihm einerlei, wohinaus ihn der Weg führte«.

Die Begegnung und Auseinandersetzung mit dem Riesen führt zwar zu interessanten Erlebnissen und bringt ganz neue Aspekte in das Leben unseres Königssohns, aber schließlich mündet diese Lebensphase in eine schwere Krise – wir nennen sie die Krise der Lebenswende –, die wesentlich von einer Katastrophe bestimmt wird, nach der das Leben eigentlich nicht mehr lebenswert erscheint und keine neuen Ansätze und Perspektiven eine Hoffnung auf Besserung der Situation aufleuchten lassen. Der Verlust des Augenlichtes läßt gerade das nicht mehr zu, wozu er eigentlich ausgezogen ist, nämlich wunderliche Dinge zu »sehen«. Der Blick nach vorne ist verstellt, wahrlich eine Situation der »Aussichtslosigkeit«.

Aber in dieser Krise taucht unerwarteterweise eine Lösung auf, die gleichsam gnadenhaft neue Möglichkeiten eröffnet. Ja, seine Augen waren »so hell und rein, wie sie nie gewesen waren«. Dadurch wird in der neuen Lebensphase eine ganz andere Sichtweise möglich. Man hat den Eindruck, als würde für den Königssohn erst jetzt das Leben richtig anfangen, ein neues Leben, das endlich auch ein Ziel hat, das er sich allerdings nicht mit verstandesmäßigen Überlegungen ausgesucht hat, sondern zu dem er von seinem Löwen hingeführt wird. Dieses neue Leben wird nicht einfach geschenkt, es will erworben sein, zunächst sind einmal bestimmte Aufgaben zu erfüllen, die mit schmerzlichen Erfahrungen verbunden sind. Aber schließlich »war er von allen Schmerzen befreit und fühlte sich frisch und gesund, als wäre er aus einem Schlaf erwacht«. Und wenn das Märchen aufhört, so fängt sein Leben eigentlich erst richtig an. Wir können auch sagen, »ihr Leben«, denn sein weiterer Lebensweg ist ja mit dem einer Frau, seiner Frau, innig verbunden.

Das heißt nicht, daß das Leben vorher keinen Sinn gehabt hätte, daß es eigentlich noch gar kein richtiges Leben war. Die Erfahrungen des jugendlichen Helden waren wohl notwendig, um zu einer reiferen Lebenseinstellung zu gelangen. Nach C. G. Jung besteht der richtige Weg zur Ganzheit aus schicksalsmäßigen Umwegen und Irrwegen. Aber auch diese Irr- und Umwege sind wirkliches, volles Leben, wenn ich mich so engagiert darauf einlasse wie unser Königssohn.

Wie viele andere Märchen zeichnet auch das unsere das Bild von einem Menschen, der auf dem Wege ist. Im Märchen beginnt sein Weg mit dem Entschluß, das Elternhaus zu verlassen und in die weite Welt zu ziehen. Der eigentliche Impuls ist sein Erlebnisdrang. In seinem tiefsten Inneren hat er eine dunkle Ahnung, daß er hinaus muß aus der beschützenden Enge seines Elternhauses, in dem er ja eigentlich ganz gut aufgehoben ist und wohl auch für die Zukunft keine Existenzsorgen hätte haben müssen, da er ja berechtigte Aussicht hat, selber einmal König zu werden. Aber schon damals galt das Wort, daß nur derjenige neue Kontinente entdecken kann, der bereit ist, die alten und bekannten Gestade ganz hinter sich zu lassen. Auch sagt man ja, wer niemals auszog, könne auch niemals heimkehren.

Das erste Buch, das ich nur wenige Tage nach Kriegsende von meinem alten Englischlehrer geschenkt bekam, nachdem ich ihm geholfen hatte, das von den Bombenangriffen beschädigte Dach seines Hauses wieder mit Ziegeln zu decken, hieß »Aufbruch ins Leben«. Dieses Buch hatte für mich eine um so größere Bedeutung, als wir alle Bücher durch die Bombenangriffe verloren hatten. Der Titel übte auf mich eine große Faszination aus und führte schließlich nach dem Abitur zu dem Impuls, einfach mein Fahrrad zu nehmen und von zu Hause wegzufahren ins Ruhrgebiet, wo ich dann ein Jahr lang auf einer Zeche arbeitete und auch mit den Kumpels in einem Barackenlager zusammenwohnte. Eltern und Lehrer versuchten, mich davon abzuhalten mit dem Argument, das sei doch eine verlorene Zeit. Ich aber wollte, noch unter dem Eindruck des gesellschaftlichen Zusammenbruchs zum Ende des Zweiten Weltkrieges, unbedingt erst einmal vor Ort aus eigener Erfahrung die Lebensumstände der Menschen kennenlernen, mit denen ich später im Beruf weitgehend zu tun haben würde. Damals hoffte ich, wie viele meiner Freunde auch, daß die Chance eines allgemeinen Neubeginns wahrgenommen werden würde. Der von uns erhoffte Neubeginn, besonders in der psychosozialen Realität, blieb fast gänzlich aus, denn die Tendenzen zur Restauration behielten die Oberhand. Meine Enttäuschung darüber war groß, aber dennoch waren meine Erfahrungen mit den Menschen und vor allem auch mit mir selber in dieser Zeit so wichtig und richtunggebend für mich, daß mein ganzes weiteres Leben wesentlich dadurch mitbestimmt wurde. Damals begann »mein« Weg, und ich fühlte mich dem Geiste Parzivals verbunden und seinem Wort: »Ich bin auf einer Fahrt, von der mich nichts mehr wenden mag.«

Dieses Bild vom »Auf-dem-Wege-Sein« begleitete mich dann mein ganzes weiteres Leben, und ich sehe den Sinn meiner Tätigkeit als Psychotherapeut auch heute noch hauptsächlich darin, den Menschen, die in einer Ausweglosigkeit zu mir kommen, zu helfen, aus ihrer Sackgasse heraus wieder auf »ihren« Weg zu finden oder vielleicht sogar erstmals ihren eigenen Weg zu erkennen – besser gesagt, zu erahnen – und ihm auch zu folgen. Dabei ist die Sprache der Bilder, zum Beispiel auch die der Märchen, oft wirksamer als das krampfhafte Bemühen, alles bis ins letzte Detail rational erfassen zu wollen.

»Auf dem Wege sein« oder »seinen Weg gehen« ist nicht einfach dasselbe wie »unterwegs sein«. Viele Menschen sind ständig unterwegs, und doch kann dies auch eine Flucht vor dem eigenen Weg sein, ein Vor-sich-selber-Davonlaufen, verbunden mit dem Gefühl, nicht zu sich selber zu kommen, keinen Zugang zu sich selbst zu finden.

Doch zurück zu unserem Königssohn. Sein Weg beginnt damit, daß er von etwas weggeht, von seinem Elternhaus, von einer alten, den eigenen Bedürfnissen nicht mehr entsprechenden Situation, getrieben von einer Sehnsucht nach alternativen Erfahrungen. Dabei läßt er sich zunächst von seinem Verstand leiten. Es heißt: »So dachte er: Ich will in die weite Welt gehen . . .« Dann läßt er sich vom Riesen in dessen Pläne einspannen und auf mancherlei Irr- und

Umwege schicken. Aber auch diese sind nicht sinnlos und umsonst, denn schließlich lernt er auf diesem Wege den Löwen, seinen späteren treuen Begleiter, kennen, der ihn durch manche schwierige Situation hindurchführt und in den entscheidenden Augenblicken immer die richtigen Weichen stellt, ihm aus der ausweglos erscheinenden Krise des Geblendetseins heraushilft und ihm dabei ganz neue Möglichkeiten – vor allem auch eine neue Sichtweise – erschließt. Schließlich leitet er ihn mit innerer Zielsicherheit zur schwarzen Jungfrau, ohne daß der Königssohn dieses Ziel schon hätte voraussehen können.

Trotzdem haben wir den Eindruck, daß der Weg des Königssohns in zunehmendem Maße nicht mehr ein *Weg*gehen von etwas ist, sondern ein *Hin*streben zu etwas, das jedoch als Ziel noch nicht bewußt erkannt wird. Und schließlich strebt die Bewegung von dem »In-die-weite-Welt-Gehen« zu einem »In-sich-Gehen«. Dieser Bewegung kann sich der Königssohn aber nicht aus freiem Entschluß überlassen, sondern zunächst nur aus dem Zwang der Situation des Nicht-mehr-sehen-Könnens heraus. Erst danach kann er die zur Erlösung der schwarzen Jungfrau notwendige Einkehr in die Innenwelt bewußt bejahen.

Schauen wir uns die einzelnen Phasen dieses Weges einmal etwas genauer an. Die erste Phase ist ganz von ausgreifenden und aus dem vollen schöpfenden Aktivitäten bestimmt. Bei der ersten Begegnung mit dem Riesen stehen spielerische Elemente im Vordergrund. Aber aus dem Spiel wird schließlich blutiger Ernst, ein Kampf um Leben und Tod. Wie konnte es dazu kommen? Es lag daran, daß der Königssohn sich dazu verleiten ließ, einen Weg zu gehen, der nicht mit seinen eigenen vitalen Bedürfnissen im Einklang stand. Zu voreilige Hilfsbereitschaft bei unklaren Unternehmungen für andere, zudem noch gepaart mit dem protzigen Zurschaustellen der eigenen Tüchtigkeit und getrieben vom Wunsch nach Anerkennung für eine hervorragende Leistung, das kann leicht ins Auge gehen. Er läßt sich zur Lösung einer schwierigen Aufgabe überreden, die gar nicht in seinem eigenen Interesse liegt. Der Riese schildert noch in einem dreifachen Anlauf die Schwierigkeiten, die mit dieser Aufgabe verbunden sind, aber man hat den Eindruck, daß dies den Königssohn nur noch mehr reizt, sich in das tollkühne Abenteuer zu stürzen. Schließlich hat er vorher schon damit angegeben, daß er alles könne, wozu er Lust habe. Und jetzt kann er sich doch wirklich keine Blöße mehr geben.

Zunächst gelingt ja auch alles ganz nach Plan, und die Katastrophe folgt erst im zweiten Akt. Auffallend ist sogar die Mühelosigkeit, mit welcher der Königssohn die Hindernisse überwindet, um zu dem Apfel zu gelangen. Er scheint ein rechter sunny boy zu sein, ein Glückskerl, dem einfach alles in den Schoß fällt. Und mit dieser Mühelosigkeit prahlt er auch noch dem Riesen gegenüber nach seiner Rückkehr.

Doch begleiten wir ihn zunächst auf seinem Weg zum Baum des Lebens in dem fernen Garten. Es heißt, daß er Abschied von dem Riesen nahm – hier handelt es sich wieder um einen Aufbruch. Damit ist wohl gemeint, daß wir bereit sein müssen, immer wieder neu aufzubrechen, wenn wir unseren Lebenskreis erweitern wollen. Dazu fallen mir die Verse von Rainer Maria Rilke aus dem Stundenbuch ein:

»Ich lebe mein Leben in wachsenden Ringen,
die sich über die Dinge ziehn.
Ich werde den letzten vielleicht nicht vollbringen,
aber versuchen will ich ihn.«[2]

Es ist also nicht mit einem – vielleicht großartigen und dramatisch in Szene gesetzten – Aufbruch getan, sondern das Leben verlangt, daß wir uns immer wieder neu auf den Weg machen. Sonst besteht die Gefahr, daß wir in einer künstlichen oder sogar kunstvoll aufgebauten heilen Welt Ruhe und Sicherheit suchen und dabei riskieren, in immer stärker erstarrenden Lebensformen zu verkümmern. Wenn der Ring unseres Lebens, in dem wir uns bis jetzt doch so wohl fühlten und der uns Schutz und Sicherheit gewährte, zu eng wird, dürfen wir ihn nicht krampfhaft festhalten wollen, sondern müssen bereit sein, ihn fahren zu lassen, damit ein neuer Ring wachsen kann, auch wenn wir das Aufgeben des alten Ringes zunächst einmal als schmerzlichen Verlust und als ein Geworfensein in Ungewißheit und Unsicherheit erleben. Aber allein so können wir lernen, uns auch in der Unsicherheit und Ungewißheit allmählich heimisch zu fühlen. Es gibt kein größeres Gefühl von Sicherheit, als wenn ich viele Unsicherheiten durchschritten und durchlitten habe und mich dann in der Welt der Ungewißheiten und den damit verbundenen Gefühlssituationen auskenne.

Der Weg des Königssohns zu einem neuen Lebensbereich ist sehr weit, er führt über Berg und Tal, durch Felder und Wälder, bis er endlich zu dem Wundergarten kommt. Welche menschlichen Erfahrungen können wir nun hinter den Bildern vermuten, mit denen die Erlebnisse des Königssohns im Zusammenhang mit dem Garten geschildert werden? Ein umzäunter Garten mit einem verschlossenen Tor kann zunächst einmal ganz einfach als Sinnbild für einen bisher noch unerschlossenen Lebensbereich angesehen werden, vielleicht auch ganz allgemein als Bild für das Unbewußte, zu dem ein langer Weg führt und in das man nicht so ohne weiteres eindringen kann. Die Schwelle zum Unbewußten, in dem viele verborgene Geheimnisse enthalten sind, wird durch ein eisernes Gitter und ein großes verschlossenes Tor dargestellt. Es gehört schon Mut und Anstrengung dazu, da einfach hinüberzuklettern und in den Garten einzudringen. Eine höhere Entwicklungsstufe wird uns nicht einfach geschenkt, wir müssen uns schon redlich darum bemühen und uns auch nicht immer wieder durch Verbotstafeln und Gitterzäune davon abschrecken lassen, neue Lebensbereiche zu erobern, indem wir die trennende Begrenzung überschreiten und damit unser Bewußtsein erweitern. Um Bewußtwerdung geht es wohl in diesem Garten, denn wem fiele bei dem Apfel vom Baum des Lebens nicht jener Apfel vom Baume der Erkenntnis ein, der auch nur durch das Überschreiten einer Verbots-Grenze erlangt wurde und der dann ähnlich wie in unserem Märchen zu einer verhängnisvoll erscheinenden Entwicklung führte. Die höhere – man könnte auch sagen tiefere – Erkenntnis, die Erweiterung des Bewußtseins, muß teuer bezahlt werden und wirkt sich in beiden Fällen mit einer Veränderung im Bereich des Sehens aus, das bisher ein naives Wahrnehmen der äußeren Realität war. Im Falle des Königssohns ist es die Blendung, der Verlust des Augenlichtes. Von den ersten Menschen dagegen heißt es, daß ihre Augen aufgetan wurden, und sie merkten, daß sie nackt waren. Allerdings heißt es auch, daß Gott sagte: »Jetzt ist der Mensch wie unsereiner geworden, so daß er erkennt, was gut und böse ist.«

Und in beiden Fällen führt die Grenzüberschreitung letztendlich doch zu einer Erlösung, die mit einer ganz neuen, bis dahin nicht gekannten Seinswirklichkeit verbunden ist, so daß in der Osterliturgie der katholischen Kirche sogar von einer felix culpa, einer glückseligen Schuld, gesprochen wird, die uns einen so erhabenen Erlöser verdiente. »Denn von einem Baume kam der Tod, und von einem Baume (dem Kreuz) sollte auch das Leben kommen.« Auch beim Königssohn spielt ein zweiter Baum die wesentliche Rolle, man könnte ihn gleichsam den zweiten Baum der Erkenntnis nennen, an dem der Königssohn den Wink Gottes erkennt. Als er sich das Gesicht im Lebenswasser gebadet hatte (vergleichbar einem Taufritual), wurden seine Augen so hell und rein, wie sie nie gewesen waren.

Wasser symbolisiert oft auch das Gefühl. Der Königssohn findet also auch einen neuen Zugang zu seinem Gefühl. »Man sieht nur mit dem Herzen gut« ist ein vielzitiertes Wort aus »Der kleine Prinz« von

Saint-Exupéry[3]. Der Königssohn muß also auch mit dem Herzen, mit dem Gefühl, sehen lernen. Fühlen ist eine urteilende Funktion, mit der ich eine Situation hinsichtlich ihres Wertes beurteile, und gerade das konnte der Königssohn bisher noch nicht. Darum fand ja die Herbeischaffung des Apfels den für ihn unguten Ausgang, weil er Wert oder Unwert dieser Aktion nicht richtig beurteilen konnte. Er war zu einseitig aufs Denken festgelegt. Erst wenn das Fühlen das verstandesmäßige Erkennen und die Urteilsbildung durchdringt und mitträgt, können wir zu einer reiferen Erkenntnis und zu einer abgerundeten Urteilsbildung in einer bestimmten Situation kommen. Wenn Kopf und Herz miteinander in Verbindung sind und zusammenarbeiten – wie es im Bilde des durch das Wasser wiedererlangten Sehens ausgedrückt wird –, ist erst volle Bewußtwerdung möglich.

Doch kehren wir noch einmal zurück zum Garten, denn Symbole wie zum Beispiel der Garten oder der Apfel sind nicht auf eine einzige Bedeutung festzulegen. So könnte der Garten auch als ein Bild für eine Geliebte angesehen werden, wie wir es im Hohenlied im Alten Testament finden. Dort heißt es im Kapitel 4,12–13: »Meine Schwester, liebe Braut, du bist ein verschlossener Garten, eine verschlossene Quelle, ein versiegelter Born. Deine Gewächse sind wie ein Lustgarten von Granatäpfeln mit edlen Früchten.« Das Eindringen des Königssohns in den Garten könnte also auch als eine erste intensivere Begegnung mit dem Weiblichen verstanden werden, wobei er eine vorgegebene Grenze etwas dreist übersteigt. Eigentlich ist er auch noch gar nicht reif für eine wirkliche Begegnung mit einer Frau, denn wie wir eben sahen, fehlt ihm dazu noch die Sicherheit des Herzens, die ausreichende Erfahrung im Umgang mit dem Gefühl.

Was aber hat es dann mit dem Apfel für eine Bewandtnis? »Der Apfel ist ein Liebeszeichen, das sich jedoch am Baum der Erkenntnis befindet. So ist der Apfelbaum auch ein Baum der Weisheit ... Nach der Edda erwirbt Bragi durch die Äpfel der Iduna ewige Jugend. Da er sie von den Dunkelmächten erhält, ist der Apfel, wie die Liebe, gleichzeitig ein Symbol der Versöhnung zwischen dem Lichten und Dunkeln, zwischen dem Bewußtsein und dem Unbewußten des Menschen.«[4]

Jetzt verstehen wir noch besser, welchen kostbaren Schatz der Königssohn dem Reich des Unbewußten entreißt, was jedoch nur zusammen mit dem Ring möglich ist, Apfel und Ring hängen hier eng miteinander zusammen. Über die Bedeutung des Ringes sagt Schliephacke, daß er als Sinnzeichen der mythischen Kraftbindung galt: »Der Ring hat nicht Anfang und Ende und deutet kosmisches Urwissen an; man bekommt durch ihn höheres Wissen, höhere Fähigkeiten, mit ihm ist der Schutz der Götter verbunden. Es hängt jedoch alles von seiner rechten Anwendung ab.«[4]

Der Ring ist jedoch auch ein Symbol der Ewigkeit und ein Symbol des Selbst. Der Königssohn kommt also hier erstmals in Einklang mit seinem Selbst, er fühlt dann ja auch, »wie auf einmal eine gewaltige Kraft durch seine Adern drang«. Es geht also um eine noch höhere Stufe der Bewußtseinserweiterung;

nicht nur der Einklang von Denken und Fühlen ist hier erreicht, sondern zugleich auch ein Zusammenhang mit dem Urwissen, mit der Ewigkeit, mit der Unendlichkeit des Erfahrungsschatzes der Menschheit, den wir mit C. G. Jung das kollektive Unbewußte nennen. In diesem Zustand ist der Königssohn auch fähig, das große Tor zum Garten zu öffnen als Zeichen der errungenen Bewußtseinserweiterung.

Aber das Märchen zeigt auch, daß man diesen Einklang mit sich selbst wieder verlieren kann, zum Beispiel beim Kampf mit dem Riesen. Das »Im-Einklang-mit-sich-selber-Sein« kann nicht als Besitz einmal erworben und dann ständig festgehalten werden. Auch hier scheint der Königssohn der Situation noch nicht wirklich gewachsen zu sein. Er ist ähnlich überfordert wie Parzival bei seinem ersten Besuch auf der Gralsburg oder wie der Fischerkönig der Grals-legende, als er in seiner Jugend erstmals mit seinem Selbst in Berührung kam – der Fisch, an dem er sich verbrannte, kann als Symbol des Selbst angesehen werden – und dabei eine schwere Verwundung davontrug.

Wir werden immer wieder aus unserer Mitte herausfallen, aber je öfter wir uns im Einklang mit uns selber erfahren haben, um so leichter finden wir zu dieser Seinsmöglichkeit zurück und vielleicht am ehesten, wenn wir uns nicht zu krampfhaft und bewußt darum bemühen. Wichtig ist nur, daß wir auf dem Wege bleiben wie Parzival, der von Kundry wieder auf den Weg, auf die Suchwanderung, geschickt wird, als er sich gerade hochgeehrt an der Tafel des Königs Artus zum Festmahl niedergelassen hat.

Die folgenschweren Auseinandersetzungen mit dem Riesen, auf die wir später im einzelnen eingehen wollen, stürzen den Königssohn in eine schwere Krise, nach der er sich aber dennoch wieder auf den Weg macht. Damit beginnt die zweite Phase seiner Geschichte. Es heißt da, daß er vom Löwen geleitet wurde. Wir können den Löwen als einen inneren Aspekt des Königssohnes betrachten. Wie wir später noch sehen werden, ist es ein animalischer, instinkthafter Selbstaspekt, dessen Führung sich der Königssohn voll Vertrauen überläßt. Diese instinktsichere Kraft hat eine zielgerichtete Tendenz und »weiß« besser, wohin der Weg führt, als der Königssohn es mit seinem Verstand allein je wissen könnte. So sucht er schließlich nicht mehr nach etwas Bestimmtem wie dem Apfel aus dem Garten des Lebens, sondern ist ganz bereit, das zu finden, wohin der Löwe ihn leitet. Er verfolgt kein selbstgewolltes Ziel, sondern vertraut ganz darauf, daß der Weg, auf den ihn sein innerer Löwe führt, ein Ziel hat, auch wenn er selber dieses noch nicht kennt.

Diese aus solchen Erfahrungen gewonnene Einstellung fand ich in einem Wort von Pablo Picasso sehr treffend zum Ausdruck gebracht: »Ich suche nicht – ich finde. Suchen, das ist ausgehen von alten Beständen und ein Findenwollen von bereits Bekanntem im Neuen. Finden, das ist das völlig Neue, das Neue auch in der Bewegung. Alle Wege sind offen, und was gefunden wird, ist unbekannt. Es ist ein Wagnis, ein heiliges Abenteuer. Die Ungewißheit solcher Wagnisse können eigentlich nur jene auf sich nehmen, die im Ungeborgenen sich geborgen wissen, die in die Ungewißheit, in die Führerlosigkeit geführt werden, die sich im Dunkeln einem unsichtbaren Stern überlassen, die sich vom Ziele ziehen lassen und nicht – menschlich beschränkt und eingeengt – das Ziel bestimmen. Dies Offensein für jede neue Erkenntnis, für jedes neue Erlebnis im Außen und Innen: Das ist das Wesenhafte des modernen Menschen, der in aller Angst des Loslassens doch die Gnade des Gehaltenseins im Offenwerden neuer Möglichkeiten erfährt.«

Das klingt ja alles ganz schön, wird mancher Leser nun denken, aber wie soll ich das konkret anfangen, um auf meinen Weg zu kommen? Solche Situationen kenne ich sehr gut aus meiner psychotherapeutischen Tätigkeit. Oft fragen Patienten gerade in dem Augenblick, in dem sich ihre derzeitige Lebenssituation in einem Bild, zum Beispiel aus einem Traum oder einem Märchen, erhellend dargestellt hat und in diesem Bild auch schon eine Lösungsmöglichkeit für die derzeitige Krise keimhaft enthalten ist: »Ja, aber wie soll ich das denn machen? Das müssen Sie mir schon etwas genauer erklären!« Diese Menschen erwarten von mir ganz konkrete Ratschläge, rezeptartige Handlungsanweisungen. Meist ist es dann sehr hilfreich, wenn ich solchen Patienten ein kurzes Gespräch zwischen einem Zen-Meister und einem seiner Schüler mitteile. Ich möchte es auch dem Leser nicht vorenthalten:

»Dschau-dschou fragte seinen Lehrer Nan-tjüan: ›Was ist der wahre Weg?‹

Nan-tjüan erwiderte: ›Der alltägliche Weg ist der wahre Weg.‹

Wiederum fragte Dschau-dschou: ›Kann man den Weg erlernen?‹

Nan-tjüan sagte: ›Je mehr du lernst, desto weiter kommst du vom Weg ab.‹

Darauf fragte Dschau-dschou: ›Wenn man dem Weg nicht durch Lernen näherkommen kann, wie kann man ihn erkennen?‹

Nan-tjüan sprach: ›Der Weg ist kein sichtbares Ding, er ist auch kein unsichtbares Ding. Er ist nichts Erkennbares und auch nichts Unerkennbares. Suche ihn nicht, lerne ihn nicht, nenne ihn nicht! Sei weit offen wie der Himmel, und du bist auf dem Weg!‹«[5]

»Ich kann alles, wozu ich Lust habe«

AUSEINANDERSETZUNG
MIT DEM RIESENSCHATTEN DES VATERS

»Und als er seine Augen so hin und her gehen ließ, sah er auf dem Hof des Riesen Spielwerk liegen: das waren ein paar mächtige Kugeln und Kegel so groß als ein Mensch. Über ein Weilchen bekam er Lust, stellte die Kegel auf und schob mit den Kugeln danach, schrie und rief, wenn die Kegel fielen, und war guter Dinge. Der Riese hörte den Lärm, streckte seinen Kopf zum Fenster hinaus und erblickte einen Menschen, der nicht größer war als andere und doch mit seinen Kegeln spielte. ›Würmchen‹, rief er, ›was kegelst du mit meinen Kegeln? Wer hat dir die Stärke dazu gegeben?‹ Der Königssohn schaute auf, sah den Riesen an und sprach: ›O du Klotz, du meinst wohl, du hättest allein starke Arme? Ich kann alles, wozu ich Lust habe...‹«

Wohin es führt, wenn Furchtlosigkeit nicht gepaart ist mit einer aus Lebenserfahrung gewonnenen Klugheit – Klugheit im Sinne der Selbsterkenntnis: »Ich kann nicht alles, wozu ich Lust habe« – und mit dem Vertrauen auf hilfreiche Kräfte aus dem Unbewußten, die nicht der Kontrolle des bewußten Ich unterstehen, das können wir nun

Schritt um Schritt verfolgen bei der Auseinandersetzung des Königssohns mit dem Riesen. Dabei fing doch alles so harmlos und spielerisch an. Der Königssohn erblickte das Spielwerk des Riesen im Hof vor dessen Haus, und es reizte ihn gewaltig, damit auch einmal zu spielen. Wer von uns hatte nicht in seiner Jugend auch am meisten Spaß daran, mit fremdem, bisher unbekanntem Spielzeug zu spielen, vor allem, wenn damit das prickelnde Gefühl einer Herausforderung verbunden war! Also stellte der Königssohn die Kegel auf und schob mit den Kugeln danach. Mir will scheinen, daß dieses Spiel einen ernsteren Hintergrund hat, dessen der Königssohn sich aber nicht bewußt ist. Kegel und Kugeln kann man als archaisches Spielzeug verstehen. Mit ihnen zu spielen heißt, die Auseinandersetzung zwischen Männlichem und Weiblichem darzustellen, den uralten Kampf zwischen patriarchalen und matriarchalen Mächten. Zu dem Spiel gehören neun Kegel, die in ihrer Form an den Phallus erinnern. Wir können die Drei als Zahl der Männlichkeit ansehen, wie sie sich ja auch in der christlichen Religion als Trinität von Vater, Sohn und Heiligem Geist darstellt, und die Drei spielt ja auch als Grundvoraussetzung der Logik eine wichtige Rolle (wenn a gleich b ist und b gleich c, dann ist auch a gleich c). So handelt es sich hier bei der Neun um eine Männlichkeit in Potenz (dreimal drei). Wir kennen ja auch den Ausdruck, daß jemand neunmalklug genannt wird, und die alten Ägypter kannten auch eine Götterneunheit[4].

Das Logosprinzip läßt sich dem Männlichen zuordnen, das Erosprinzip dem Weiblichen. Dabei ist jedoch wichtig, daß Männlichkeit nicht dem Manne gleichgesetzt wird und Weiblichkeit der Frau, denn jeder Mann hat – wie er auch im körperlichen Bereich weibliche Elemente (zum Beispiel weibliche Hormone und Geschlechtschromosomen) in sich trägt – eine gegengeschlechtliche, also weibliche seelische Seite, die ihm zunächst noch unbewußt ist.

Die runde Gestalt der Kugel entspricht neben vielen anderen Bedeutungen in ihrer Form eher dem Weiblichen, das sich dem Erosprinzip mit seiner direkten und ganzheitlichen Beziehungsfähigkeit zuordnen läßt: Schliephacke erwähnt das Motiv vom Suchen eines versteckten Balles vor der Hochzeit (sogenanntes Brautholen). Es könnte also die Kugel schon auf den Apfel vom Baume des Lebens hinweisen, den ja die Braut des Riesen unbedingt haben will. Der Apfel gilt als Liebeszeichen, und schon bei den Griechen war das Zuwerfen oder Gewinnen von Äpfeln ein Liebesbeweis[4].

Doch zurück zum Königssohn. Sein übermütiges Spiel wird jäh unterbrochen durch das Erscheinen des Riesen. Wen verkörpert der Riese? Einmal stellt er eine Vaterfigur dar, auf einer anderen Ebene aber einen Aspekt des Königssohnes selbst, einen Riesen in seiner eigenen Seele.

Beschäftigen wir uns zuerst einmal mit dem Riesen als Vaterfigur. Es ist der »Riesenschatten« des Vaters mit dessen starken und schwachen Seiten, wie er sie wirklich hatte oder wie der Sohn sie sah, das heißt also mit allen Eigenschaften des Vaters, die der Sohn zum einen als für sich selber unerreichbar bewundert, zum anderen aber auch abgelehnt und vielleicht auch bekämpft hat, wobei ihm nicht bewußt ist – vielleicht ahnt er es dumpf –, daß er die gleichen Eigenschaften in sich selbst trägt und auch dort ablehnt und bekämpft.

Eigentlich war der Königssohn ja von seines Vaters Haus weggegangen, weil es ihm dort nicht mehr gefiel. Er war nicht mehr einverstanden mit den Maßstäben, die dort galten, er wollte endlich sein eigenes Leben leben. Aber dann mußte er erfahren, daß man seine Vergangenheit nicht so einfach hinter sich lassen kann. Es mag uns wohl gelingen, ganz unbekümmert in die weite Welt zu ziehen, viele wunderliche Dinge zu sehen und abenteuerliche Erfahrungen zu machen – und es ist auch das Recht des jugendlichen Menschen, sich so die Welt zu erobern und sich dabei seiner Möglichkeiten und Grenzen bewußt zu werden –, aber irgendwann holt uns die unerledigte Vergangenheit dann doch ein. Mögen wir uns auch während oder nach der Pubertät, vielleicht sogar unter heftigen Proteststürmen, von den Eltern abgesetzt haben, so war dies doch nur ein erstes Anreißen des Problems der Ablösung von den Eltern. Die räumliche Trennung allein ist noch nicht die eigentliche Leistung. Selbst wenn die Eltern bereits gestorben sind, kann ich immer noch an ihr Bild in mir gebunden sein. Viele Jahre später kommen dann diese in der Identitätskrise der Pubertät nur unvollständig bewältigten Probleme auf einer neuen, erweiterten Ebene unausweichlich auf mich zu. Es kommt wieder zu einer Identitätskrise – meist um das vierzigste Lebensjahr, doch gibt es starke individuelle Abweichungen nach oben wie nach unten hinsichtlich des Lebensalters, in das diese Krise fällt. Sie enthält nun aber die Chance, dieses Mal zu einer gründlicheren Lösung zu kommen. Jetzt ist die endgültige Loslösung von den Eltern oder Elternbildern gefordert, damit ich endlich ganz zu meiner eigenen Identität finden kann und mich nicht mehr als Sohn oder Tochter meiner Eltern begreife, sondern als ein auf mich selbst gestellter Mensch, der um seine vitalen Bedürfnisse weiß und damit umgehen kann und der den ihm angemessenen Platz in der Gesellschaft findet. Eine etwa vierzigjährige Frau, die selber schon drei halbwegs erwachsene Kinder hatte und in einem verantwortungsvollen Beruf tätig war, drückte dieses innere Erleben sehr treffend mit den Worten aus: »Ich muß jetzt endlich aufhören zu tochtern.«

Dabei geht es in vielen Fällen gar nicht einmal so sehr um die Loslösung von den leiblichen Eltern, die ja oft schon gestorben sind oder weit weg wohnen, sondern von den Elternbildern oder Elterninstanzen in uns, die wir im Laufe unseres Lebens in uns aufgebaut haben und die natürlich wesentlich von unseren leiblichen Eltern mitgeprägt wurden. Es hilft dabei auch nicht viel weiter, wenn wir die Eltern dafür verantwortlich machen, daß es uns jetzt so schlecht geht, selbst wenn diese wirklich Fehler in der Erziehung gemacht haben. In den meisten Fällen geschah das ja ohnehin nicht aus purer Boshaftigkeit, sondern weil die Eltern auch nicht aus ihrer Haut herauskonnten, in die sie durch ihre eigene Erziehung hineingewachsen waren. Wenn wir inzwischen selber Erfahrungen in der Erziehung eigener Kinder gesammelt haben, fällt unser Urteil über die Eltern schon merklich milder aus.

In Wirklichkeit geht es also um eine Auseinandersetzung mit den Elternfiguren in mir, die durch ihre ständige Bevormundung Schuldgefühle in mir wecken und mich daran hindern, ganz ich selbst zu sein, mein Leben in die Hand zu nehmen und in voller eigener Verantwortung zu gestalten. Das ist sehr viel schwieriger, als wir uns das zunächst vielleicht vorgestellt haben. Denn viele Meinungen und Wertmaßstäbe, die die Eltern uns vermittelt haben – das geschieht oft gar nicht durch Worte, sondern kann sehr wohl ganz einfach durch das Verhalten in bestimmten Situationen, durch die emotionale Atmosphäre im Familienleben oder auch durch Tabuisierung gewisser Lebensbereiche erfolgen –, wirken in uns weiter, ohne daß wir uns dessen bewußt sind. Ja solche »Einschärfungen«, über deren spätere Wirkung die Eltern sich nicht im mindesten klar waren, können zerstörerisch wirken, ganz besonders dann, wenn es sich auch noch um widersprüchliche Einschärfungen handelt, die das Kind bis ins Erwachsenenalter in zunächst unlösbare Ambivalenzkonflikte bringen können.

Ich will das an einem Beispiel verdeutlichen: Eine ganze Reihe von meinen Patienten bekam von ihren Eltern vermittelt: »Du sollst einmal größer werden als ich und das erreichen, was ich in meinem Leben nicht geschafft habe.« Dennoch werden sie diesem Anspruch selten gerecht, und wenn doch, dann mit einem unguten Gefühl, so daß der Betreffende sich seines Erfolges nicht erfreuen kann. Denn der Sohn spürt genau, daß es dem Vater in Wirklichkeit tatsächlich weh tun würde, wenn er größer würde als dieser. (Natürlich sind solche Prozesse auch bei Mutter und Tochter möglich.) So vereitelt am Ende die geheime Liebe zum Vater die große Karriere des Sohnes, und genau diese Tatsache läßt im Herzen des Sohnes Haßgefühle gegen den Vater aufflammen, deretwegen er später dann wieder Schuldgefühle haben wird.

Fühlte der Sohn sich dagegen schon immer abgestoßen von der Durchschnittlichkeit des Vaters, so geschieht es oft, daß er etwas Besonderes werden möchte und gleichzeitig Angst hat, trotz allem selber auch so durchschnittlich zu werden wie der Vater. Wenn er es dann schließlich sogar ist, kann der Ärger und die Enttäuschung darüber doch auch vermischt sein mit einem eigenartigen Gefühl von »Richtigkeit«, von Genugtuung darüber, dem Vater nicht wehgetan zu haben. Außerdem kann auch noch die Überzeugung dazukommen, vom Schicksal zu Recht bestraft worden zu sein, da man sich dem Vater gegenüber – zumindest in Gedanken – unrecht verhalten habe.

Wenn wir sehen, wie kompliziert sich eine solche Bindung an die Eltern oder an die Elternfiguren gestalten kann, verstehen wir, wie notwendig die endgültige Loslösung aus dieser Bindung ist, damit wir endlich zu einer eigenen Identität finden und unser Leben frei gestalten können. Wir sollten auch wissen, daß die Ablehnung oder Bekämpfung der Eltern oder Elternfiguren eines der besten Mittel ist, die Bindung an sie aufrechtzuerhalten. Ebenso verhält es sich mit dem Versuch, immer gerade das zu tun, was diese nicht wollen. Denn wer sagt mir, daß das meinen Bedürfnissen entspricht und auch das ist, was ich eigentlich will? In Wirklichkeit geht es um eine innere Auseinandersetzung, die zu einer höheren Bewußtheit und letztendlich auch zu einer Versöhnung mit den Eltern führt. In dem Maße, wie es mir gelingt, meine Gedanken nicht ständig auf die Eltern und die mit ihnen zusammenhängenden Probleme zu richten, sondern es akzeptiere – wenn auch mit Trauer –, daß sich das, was früher falschgelaufen ist, nie wird ungeschehen machen lassen, kann ich meinen Frieden machen mit meiner derzeitigen Lebenssituation. Dann schleppe ich auch nicht mehr diese unerledigten Probleme mit mir herum und kann mich mit nach vorne gewandtem Blick den Aufgaben zuwenden, die vor mir liegen. Leben die leiblichen Eltern noch, werde ich bemerken, wie sich meine Gefühle ihnen gegenüber gleichsam neutralisieren, ich erlebe mich nicht mehr als ihr Kind, sondern sehe sie auf einer gleichberechtigten Ebene als Mitmenschen an.

Betrachten wir nun, wie es dem Königssohn in seiner Auseinandersetzung mit dem Riesenschatten des Vaters ergeht. Auch der Königssohn bekommt doppelsinnige Signale. Zunächst nennt der Riese ihn »Würmchen«, das bedeutet, du bist eindeutig kleiner als ich, ich werde dir schon zeigen, wer hier der Stärkere ist. Das muß den forschen Königssohn natürlich kränken und ihn in seinem Stolz verletzen. Prompt wirft er sich in Positur und verkündet lauthals: »Ich kann alles, wozu ich Lust habe.« Als der Riese sieht, daß der Königssohn tatsächlich stärker ist, als er gedacht hatte, gibt er ihm den Auftrag, den Apfel vom Baum des Lebens zu holen. Das bedeutet auch: »Du sollst größer werden als ich«, denn der Riese betont ja ausdrücklich, daß er schon weit in der Welt umhergegangen ist und den Baum vergeblich gesucht hat. Natürlich reizt das den Königssohn, er will dem Riesen schon zeigen, daß er kein Würmchen ist, sondern tüchtiger als dieser selbst. Der Königssohn läßt sich also hier auf ein rivalisierendes Verhalten ein. Er möchte viel erleben, und zwar möglichst unkompliziert, Probleme werden einfach nicht gesehen oder negiert.

Wenn der Königssohn in seiner Arglosigkeit auf den ersten Blick auch ein Prachtkerl zu sein scheint, dessen Leben immer glatt verläuft und der Probleme für überflüssig hält – er ist halt ein rechter Naturbursche –, so liegt doch ein neurotischer Zug darin, daß er sich seiner Problematik nicht bewußt ist. Zu einer gesunden seelischen Entwicklung gehört nach C. G. Jung, daß wir »bewußte Entscheidung und Lösung an Stelle des naturhaften Geschehens setzen«. Ich lasse hier eine längere Fortsetzung dieses Zitates von Jung folgen, weil es die Situation des Königssohnes und die sich daraus als notwendig erweisende Entwicklung treffend beschreibt:

»So bedeutet jedes Problem die Möglichkeit zu einer Erweiterung des Bewußtseins, zugleich aber auch die Nötigung, von aller unbewußten Kindhaftigkeit und Naturhaftigkeit Abschied zu nehmen ... Es ist das Opfer des bloß natürlichen Menschen, des unbewußten, naturhaften Lebewesens, dessen Tragik schon mit dem Apfelessen im Paradies begann.

Jener biblische Sündenfall läßt das Bewußtwerden als einen Fluch erscheinen. Und als solcher erscheint uns in der Tat jedes Problem, das uns zu größerer Bewußtheit nötigt und uns dadurch das Paradies kindhafter Unbewußtheit in noch größere Entfernung rückt. Von Problemen schaut jeder gerne weg; wenn möglich sollen sie nicht erwähnt werden, oder noch besser, man leugnet ihre Existenz. Man wünscht sich das Leben einfach, sicher und glatt, und darum sind Probleme tabu. Man will Sicherheiten und keine Zweifel, man will Resultate und keine Experimente, ohne dabei zu sehen, daß nur durch Zweifel Sicherheiten und nur durch Experimente Resultate entstehen können. So schafft auch künstliche Leugnung der Probleme keine Überzeugung, vielmehr bedarf es der weiteren und höheren Bewußtheit, um Sicherheit und Klarheit zu erzeugen.«[6]

Lenken wir unsere Aufmerksamkeit noch auf einen besonderen Aspekt in der Auseinandersetzung zwischen dem Königssohn und dem Schatten des Vaters. Schließlich geht es zwischen ihnen um eine Frau, um die Braut des Riesen. Hier ist eine ödipale Problematik angedeutet (auch die Blendung ist ein verbindendes Element zwischen Ödipus und dem Königssohn), die für den Königssohn aber vorerst noch im Unbewußten bleibt. Ohne zu überlegen, läßt er sich in die Beziehungsprobleme des Riesen mit seiner Partnerin hineinzerren, ohne Argwohn besorgt er ihm sogar den Apfel als Liebessymbol, und anscheinend wohlwollend gönnt er ihm noch die Partnerin. Als es dann aber um den Ring, um das Symbol der Verbindung und Treue geht, kommt es zum Kampf der beiden Rivalen. Aber man hat den Eindruck, daß es dem Königssohn noch immer mehr um einen Machtkampf geht als um die Frau, um die er sich ja auch nach dem Tod des Riesen gar nicht mehr kümmert. Im Umgang mit dem Weiblichen ist er noch ähnlich unerfahren wie der junge Parzival, wie jener hat er noch keinen echten Zugang zu seinem Gefühl gefunden und kann deshalb auch noch nicht sein Herz vergeben und seine Liebe einer Frau schenken. Bisher scheint die Beziehung zur Frau für ihn mehr ein rationales Problem zu sein.

Vielleicht hat er auch deswegen Schwierigkeiten im Umgang mit Frauen, weil sein Verhältnis zu seiner Mutter nicht so gewesen ist, daß sie ihm das Bild einer liebenswerten Frau hätte vermitteln können. Männer mit einem sogenannten negativen Mutterbild suchen oft einen ersten positiven Zugang zum Weiblichen über die gegengeschlechtliche unbewußte Seite (die wir beim Manne Anima nennen) des Vaters zu bekommen, was dann natürlich entsprechende Auswirkungen auf die eigene Anima, das innere Bild der Frau im Manne, hat und selbstverständlich auch auf die spätere Wahl einer Partnerin. Diese wird dann weitgehend der Anima des Vaters, also dessen innerer Vorstellung von der Frau, entsprechen.

In diesem Fall gehört zur endgültigen Loslösung vom Vater vor allem auch eine Befreiung der eigenen Anima aus ihrer Abhängigkeit von der Anima des Vaters. Das jedoch ist nicht möglich durch theoretische Überlegungen und Grübeleien über das Problem, sondern nur durch oft schmerzliche Erfahrungen in realen Partnerschaften und auch nur dann, wenn dabei das emotionale Erleben mit zunehmender Bewußtwerdung der Problematik verbunden ist. Sonst werden wir uns immer wieder in dieselbe Falle verstricken und der Anima des Vaters ewig treu bleiben, auch wenn wir die Partnerinnen wechseln.

Die List des Riesen

Mit dem eigenen Schatten leben

»Sie rangen lange Zeit miteinander, aber der Riese konnte dem Königssohn, den die Zauberkraft des Ringes stärkte, nichts anhaben. Da sann der Riese auf eine List und sprach: ›Mir ist warm geworden bei dem Kampf und dir auch, wir wollen im Flusse baden und uns abkühlen, eh wir wieder anfangen.‹ Der Königssohn, der von Falschheit nichts wußte, ging mit ihm zu dem Wasser, streifte mit seinen Kleidern auch den Ring vom Arm und sprang in den Fluß. Alsbald griff der Riese nach dem Ring und lief damit fort, aber der Löwe, der den Diebstahl bemerkt hatte, setzte dem Riesen nach, riß den Ring ihm aus der Hand und brachte ihn seinem Herrn zurück. Da stellte sich der Riese hinter einen Eichbaum, und als der Königssohn beschäftigt war, seine Kleider wieder anzuziehen, überfiel er ihn und stach ihm beide Augen aus.«

Wie bereits im vorigen Kapitel erwähnt, können wir den Riesen, sinnbildlich gesprochen, auch als einen Aspekt des Königssohnes selbst betrachten. Er stellt die andere Seite des Königssohnes dar, seinen »dunklen Bruder«, von C. G. Jung als »Schatten« bezeichnet. Der Schatten enthält alle ungelebten

Möglichkeiten eines Menschen, alles, »was das Subjekt nicht anerkennt und was sich ihm doch immer wieder – direkt oder indirekt – aufdrängt, also zum Beispiel minderwertige Charakterzüge und sonstige unvereinbare Tendenzen«[7].

Wir können unserem Schatten nicht entfliehen, denn der Mensch ohne Schatten, wie ihn zum Beispiel Adalbert von Chamisso in »Peter Schlemihl« schildert, gerät in große Schwierigkeiten, wenn er seinen Schatten »an den Teufel verkauft«. Wir brauchen den Schatten zu unserer Vollständigkeit, damit wir nicht aus dem Gleichgewicht fallen. »Jedes Ding hat seine Schattenseiten« und »Wo viel Licht ist, ist auch viel Schatten« sind ja bekannte Redensarten.

Die Dunkelheit des Schattens im Gegensatz zum Licht deutet im Bereich der Psyche auf seinen unbewußten Charakter hin. Wenden wir uns der Sonne, also dem Lichte des Bewußtseins, zu, so liegt unser Schatten hinter uns, und darum haben wir unsere Schattenseiten im allgemeinen nicht im Blick. Wer möchte auch schon gerne die primitiven, unreifen, groben, häßlichen und auch bösen Aspekte seiner Persönlichkeit vor Augen haben? Wir finden, daß sie eigentlich dort im Unbewußten ganz gut aufgehoben und verwahrt sind, weil sie uns auf diese Weise am wenigsten stören. Und dennoch können wir unserem Schatten nicht entfliehen, wir können ihn verdrängen, aber wirklich vertreiben können wir ihn nicht. Vielmehr wird er immer wieder aus dem Unbewußten heraus störende und zu unserem sonst bekannten Verhalten nicht passende Aktionen starten, und dann fragen wir uns, wie das bloß passieren konnte.

Ein sehr beliebter Umgang mit dem Schatten besteht darin, ihn einfach auf einen anderen Menschen, der sich aufgrund gewisser Eigenschaften auch dafür anbietet, zu projizieren. Dann hat man seinen eigenen Schatten handgreiflich vor sich, hat ihn endlich einmal im Blick, kann ihn aus der Distanz heraus kritisch am anderen betrachten und vielleicht sogar versuchen, ihn an diesem anderen Menschen zu behandeln. Wir wissen ja, daß wir den Splitter im Auge des Bruders besser sehen als den Balken im eigenen Auge. Das Fatale daran ist eben nur, daß uns diese Zusammenhänge oft nicht gegenwärtig sind und wir uns einbilden, wir hätten es mit objektiven Gegebenheiten zu tun.

So begegnet also der Königssohn seinem Schatten im Riesen, er sieht alle seine unreifen, grobschlächtigen, wilden, gewalttätigen und bösen Seiten riesengroß vor sich, während er selber sich hinter einer allzu glatten Fassade verbirgt. Seine Gutheit, Furchtlosigkeit, übermäßige Hilfsbereitschaft, fast unheimlich wirkende Perfektheit und sein Omnipotenzgefühl werden von ihm zwar überzeugend zur Schau gestellt, und doch kann man sich des Eindrucks einer gewissen Einseitigkeit nicht erwehren, als sei das edle Bild vom Helden doch ein wenig überzeichnet, vergleichbar einem retuschierten Photo. Dieses Bild, das der Königssohn nach außen hin darstellt, so wie er den anderen Menschen und natürlich auch sich selbst erscheinen möchte, nennen wir nach C. G. Jung »Persona«. Die griechischen Schauspieler trugen eine Maske vor sich her, welche die von ihnen dargestellte Rolle bezeichnete, und sie sprachen durch diese Maske hindurch (personare heißt hindurchtönen). So ist Persona die Bezeichnung für diese Maske, oder sagen wir besser Schutzschicht, die wir zwischen uns und unserer Umwelt errichten und die ja auch eine notwendige Funktion erfüllt. Aber wenn wir die Persona dazu benutzen, mit ihrer Hilfe unseren Schatten vor uns selbst und anderen zu verbergen, also uns mit ihr identifizieren, dann werden wir immer mehr nur eine Rolle spielen, aber nie wirklich zu uns selber finden.

Nun, unser Königssohn ist ja ein ehrlicher Kerl, auch ehrlich gegen sich selbst, er weicht also letztlich der Konfrontation und Auseinandersetzung mit seinem Schatten nicht aus. Er ringt Auge in Auge mit ihm, vielleicht noch im naiven Glauben, die Inkarnation des dunklen Bruders endgültig auslöschen zu können. Aber dann wird sein Blick durch die Blendung nach innen gerichtet, er wird mit der dunklen Seite in sich konfrontiert, es ist nun nicht mehr möglich, den Schatten nach außen zu projizieren.

Was bedeutet es nun, daß der Riese am Ende tot ist? Auf jeden Fall bedeutet es nicht, daß es darauf ankäme, den Schatten zu vernichten. Wir könnten ihn auch gar nicht töten, und nur wenn wir bewußt zustimmen, daß er mitleben darf, können wir unsere Vollständigkeit erlangen. Vielleicht können wir den Tod des Riesen so verstehen, daß seine Existenz im Außen nicht mehr notwendig ist, da der Königssohn die Projektionen zurückgenommen und den Schatten in sich akzeptiert hat. Der Schatten muß also nicht mehr als Riese weiterleben, weil er im Königssohn mitleben darf, er ist also nicht wirklich verschwunden, er wurde nur vom Königssohn integriert. Der Riese lebt letztlich im Königssohn doch weiter, der fortan auch die aggressive Kraft des Riesen in sich trägt, jedoch in einer durch den Löwen gebändigten Form. So paradox es klingt – und viele Patienten können sich das auch zunächst gar nicht recht vorstellen –, erfährt das Ich durch die Integration des Schattens eine ungeheure Stärkung.

Wichtig ist noch, zu erwähnen, daß der Löwe, den wir ja bereits als einen animalischen, instinkthaften Selbstaspekt kennengelernt haben, seine Hand im Spiele hatte, und zwar sowohl bei der Auseinandersetzung zwischen dem Königssohn und dem Riesen als auch bei dessen Tod. Damit soll wohl betont werden, daß die Integration des Schattens nicht mit dem Ich als Zentrum der bewußten Persönlichkeit allein machbar ist, sondern nur im Kontakt mit dem Unbewußten und mit der Unterstützung durch hilfreiche Kräfte unseres Selbst, des eigentlichen Mittelpunktes unserer Persönlichkeit. Und in dem Maße, wie der projizierte Schatten keine Rolle mehr spielt, nimmt die Bedeutung des Löwen (als Aspekt des Selbst) für die Führung des Königssohnes auf seinem weiteren Weg zu.

Daß auch der Schatten mit dem Selbst in Zusammenhang steht, wird von Marie-Louise von Franz sehr anschaulich gemacht: »Wir alle haben einen gewöhnlichen Mann oder eine gewöhnliche Frau mit den Reaktionen des Menschen von der Straße in uns, und das Seltsame dabei ist, daß es sich hier sogar um einen Aspekt des Selbst handelt, letzteres ist nämlich Höchstes und Tiefstes zugleich . . . Die allergewöhnlichsten und die bescheidensten Qualitäten müssen integriert werden, weil sich sonst eine Art von falschem Individualismus einschleicht, der nicht mit der wirklichen Individuation verwechselt werden darf. Je höher ein Baum wächst, desto tiefer müssen seine Wurzeln reichen, und je mehr man sich bewußt entwickelt, desto größer ist auch die Notwendigkeit, die allgemeinen menschlichen Reaktionen in Bescheidenheit und Einfachheit zu akzeptieren.«[8]

Wir sehen, Überheblichkeit gegenüber unseren Schattenaspekten ist überhaupt nicht angebracht. Akzeptieren wir hingegen den Schatten, den dunklen Bruder oder die dunkle Schwester – der Schatten tritt in Träumen als gleichgeschlechtliche Figur auf – als gleichberechtigten Partner, so ist er wieder mit der Lebenswärme verbunden und aus dem Reich der Schatten erlöst. Wir brauchen dann keine Angst mehr vor ihm zu haben, er ist nun nicht mehr gefährlich für uns. »Ob der Schatten zum Freund oder Feind wird, hängt von uns selber ab . . . Er wird nur feindlich, wenn man ihn ganz verständnislos behandelt oder links liegen läßt.«[9]

Am Beispiel von zwei Patienten-Träumen läßt sich das veranschaulichen: Ein etwa fünfzigjähriger Patient träumt, daß ein bulliger, gewalttätig aussehender, dunkelhäutiger Asiate mit einem Messer in der Hand in drohender Haltung auf ihn zukommt. Dieser Mann hat ein vollkommen undifferenziertes und brutal wirkendes Gesicht und ist mit einem schmuddeligen Turnhemd bekleidet. Der Patient wacht mit einem furchtbaren Angstzustand auf und ist während des ganzen folgenden Tages zutiefst betroffen von diesem Traum. Wir haben dann in der Therapie während der folgenden Wochen seine Schattenproblematik ausführlich bearbeiten können. Einige Monate später erschien der gleiche Mann dem Patienten noch einmal im Traum. Diesmal hatte er ein weiches Gesicht mit sympathischen Zügen und trug saubere Kleider. Er kam freundlich lächelnd auf den Träumer zu, und dieser spürte plötzlich ein warmes Gefühl gegenüber diesem Mann. Er ging ihm entgegen, und die beiden umarmten sich und weinten vor Freude. So kann sich also eine gelungene Integration des Schattens im Traum bildhaft darstellen.

Bei einer fünfundvierzigjährigen Frau stellte sich eine beginnende Änderung ihrer Einstellung zu einem Schattenaspekt im Traum folgendermaßen dar: »Ich stand vor einem exklusiven Hotel. Eine Hochzeitskutsche kam vorgefahren. Unter den Blicken vieler Schaulustiger stieg eine Frau – es war eine Hure – alleine aus. Die Leute wandten sich schokkiert und angewidert ab. Die Frau aber versuchte, hoheitsvoll und erhobenen Hauptes in dieses Hotel zu gehen, fand aber keinen Einlaß. Da regte sich etwas in mir, daß ich dieser Frau unbedingt beistehen müßte. Sie entschwand mir aber wieder aus den Augen, so daß ich ihr nicht helfen konnte. Ich hatte ein schlechtes Gewissen und dachte: Wie kann ich ihr bloß meine Telefonnummer zukommen lassen, damit ich wieder mit ihr in Kontakt komme?« Interessanterweise fällt der Patientin zu dem Traum noch ein, daß es sich ausgerechnet um das Hotel handelt, in dem sie früher als Mädchen häufig auf Faschingsbällen war, wo man also sein wahres Wesen hinter seiner Maske verbarg und sich von einem Hauch des leichten Lebens faszinieren ließ.

Die Patientin war streng katholisch erzogen worden, ihre Einstellung zu Sinnlichkeit und Sexualität war immer problematisch geblieben, und nun erlebt sie im Traum, wie sie unbedingt in Kontakt mit dieser bisher so vernachlässigten Seite in sich kommen will, die sich hier in einer wüsten, heruntergekommenen und von den Menschen verachteten Frau darstellt und dennoch etwas Hoheitsvolles hat, so daß sich die Träumerin spontan in ihrer Hilfsbereitschaft angesprochen fühlt. Sie will unbedingt in Kontakt mit ihrem Schatten kommen. »Seine eigene Schattenseite zu kennen scheint nicht nur eine Voraussetzung für Selbsterkenntnis zu sein, sondern auch dafür, andere zu verstehen und zu akzeptieren.«[10]

Wir können noch einmal eine Verbindung zum Märchen herstellen und erkennen, daß der Schatten letztlich wirklich nicht etwas »Böses« oder »Negatives« ist, auch wenn es uns zunächst so erscheinen mag. Hinter ihrer Unbeholfenheit und Dunkelheit verbirgt die Schattengestalt im Märchen »viele Qualitäten, die, weit davon entfernt, ›böse‹ zu sein, in ihrer embryonalen Form für das Ich erforderlich sind, um ein vollständiges Ganzes zu bilden ... Doch stets ermöglicht die böse Absicht der Schattengestalt auf eine merkwürdige Weise, daß der Held sein Ziel erreicht, wenn auch manchmal auf Umwegen.«[10]

Der Schatten hat aber auch noch eine Funktion auf einer allgemein-menschlichen Ebene. Er vermittelt uns auch eine Ahnung von den dunklen Erfahrungen der Menschen überhaupt und läßt uns durch unsere potentielle Teilhabe daran menschlicher und anderen Menschen gegenüber toleranter und verständnisvoller werden. Auch wird unsere Angst vor den gefährlichen Schattenaspekten geringer werden, wenn uns nichts Menschliches mehr fremd ist. »Der Schatten vermittelt Erlebnisse, die das Ego in symbolische Situationen von allgemeinmenschlichem Charakter versetzen, soweit sie auf der wirklichen Schattenseite liegen. Es sind Erlebnisse des Dunkeln und des Bösen, des Untermenschlichen, des ›häßlichsten Menschen‹. Es ist alles das, was der Mensch auch ist, wenn er nicht human, sondern bloße bestia humana ist. Ich als Person in meinem So-sein bin das nicht, aber ich als Mensch überhaupt bin das auch.«[11]

Solche Erfahrungen erweitern und stärken unsere bewußte Persönlichkeit, verhindern aber andererseits auch, daß wir in hybrider Selbstüberschätzung übersehen, daß unser Leben nicht nur durch die Kräfte des Lichtes, also unseres Bewußtseins, gestaltet, sondern in hohem Maße auch von dunklen Kräften des Unbewußten gesteuert wird, weshalb es so wichtig ist, daß wir in einen guten Kontakt zu diesen kommen. Dazu fällt mir ein alter griechischer Ausspruch ein, der diese nur scheinbar doppelsinnige Haltung eines Menschen sehr gut widerspiegelt: »Daß nur Menschen wir sind, beuge das Haupt dir, doch daß Menschen wir sind, recke dich freudig empor.« Das war einmal das Thema für meinen Abituraufsatz, aber erst heute kann ich seinen Sinn richtig verstehen.

Der Riese hat aber noch einen weiteren Aspekt. Ist er nicht auch ein treffendes Bild für das, was in der Psychoanalyse als Größenphantasie bekannt ist? Wir finden sie bei der mit »Grandiosität« bezeichneten Form einer narzißtischen Störung, deren Kehrseite die »Depression« ist. Alice Miller hat diese Zusammenhänge in ihrem aufsehenerregenden Buch »Das Drama des begabten Kindes«[12] einem breiten Leserkreis besser verständlich gemacht. Die Größenphantasien entspringen einem falschen Selbstbild, sind aber für den Betreffenden zur Erhaltung seines seelischen Gleichgewichtes anscheinend notwendig. Denn ohne diese grandiose Vorstellung von sich selbst würde solch ein Mensch in eine tiefe Depression fallen, wie er sich umgekehrt nur mit Hilfe seiner Größenphantasien wenigstens zeitweise aus der Depression herausziehen kann.

Genau dieser Zusammenhang wurde bereits in der frühen Kindheit erlebt. Das kleine Kind wurde nicht einfach als das geliebt, was es ist, sondern für das, was es leistet, sei es auch, daß die Leistung nur in der Anpassung an die Bedürfnisse der Eltern bestand. Dadurch entwickelte sich dann ein falsches Selbst mit der Unfähigkeit, einen Zugang zu den eigenen echten Gefühlen zu finden. Das Erlebnis, kein wahres Selbst zu haben, das sich seines Wertes bewußt ist, weil es die breite Skala eigener Gefühle erleben und zu seinen vitalen Bedürfnissen stehen kann, führt kompensatorisch zur Entwicklung von Größenphantasien, deren Konfrontation mit der Realität dann unweigerlich wieder zur Depression führen muß. »Eigentlich ist die Grandiosität die Abwehr gegen die Depression und die Depression die Abwehr des tiefen Schmerzes über den Selbstverlust.«[12] Der grandiose Mensch ist ständig auf der

Suche nach Bewunderung, er möchte sich selbst bewundern können und möchte von anderen bewundert werden.

Ein zweiundzwanzigjähriger Student, der mit seinem Jurastudium überhaupt nicht zurechtkam, weil er einfach gar nicht ernsthaft und zielstrebig arbeitete, sagte mir mit dem Brustton der Überzeugung: »Wenn ich Musik studieren würde, würde ich als Dirigent ganz sicher besser als Karajan sein.« Und ein anderer Patient, der unter einer schweren Depression litt, erlebte seine Grandiosität in einem Traum folgendermaßen: »Ich leitete als Dirigent ein Orchester. Ich beherrschte sämtliche Instrumente. Das Orchester, das ich dirigierte, spielte eine von mir komponierte Symphonie in drei Sätzen. Während des Spielens trug sich die Komposition fort, ich gab Einsätze und komponierte aus dem Augenblick heraus weiter.«

Auch der Königssohn sucht Bewunderung. Wenn man im Märchen liest, wie er allein mit den Kegeln spielt, kann man sich leicht vorstellen, wie sehr er selber sich in diesem Spiel gefiel. Aber dann möchte er auch vom Riesen bewundert werden für seine Omnipotenz-Phantasie »Ich kann alles, wozu ich Lust habe«. Sein starkes Bedürfnis nach Bewunderung läßt ihn natürlich auch in eine gewisse Abhängigkeit vom Riesen geraten, und als dieser dann mit seinem anspruchsvollen Auftrag herausrückt, ergreift der Königssohn sofort die Gelegenheit beim Schopfe, mit tollen Leistungen zu glänzen, auch wenn das ganze Unternehmen mit seinen eigenen Gefühlen und Bedürfnissen ursprünglich nichts zu tun hat.

Außerdem hat er auch einen Hang zum Perfektionismus. Es muß dann für ihn sehr bitter gewesen sein, erfahren zu müssen, daß er eben doch nicht alles kann, wozu er Lust hat. Aber der Absturz in die Depression erfolgt auch durch die Erkenntnis, daß er vom Riesen nicht als Partner geschätzt wird für das, was er ist, sondern nur für das, was er für ihn leistet. Adalbert Stifter sagt: »Das Beste, was der Mensch für einen anderen tun kann, ist doch immer das, was er für ihn ist.«[13] So hatte der Königssohn sich wohl erhofft, für seine großzügige Hilfsbereitschaft und seine tollkühne Tat vom Riesen nicht nur bewundert, sondern auch als Mensch und Partner geachtet und vielleicht sogar geliebt zu werden. Aber es wird sehr bald offenbar, daß der Riese, das grandiose Selbst des Königssohns, ein falsches Selbst ist, das ihm nicht hilft, seinen rechten Weg zu finden, sondern ihn, nachdem er ihm die Augen ausgestochen hat, auch noch scheinheilig bei der Hand nimmt »wie jemand, der ihn leiten wollte«, um ihn zum Abgrund zu führen. Die Gefühle und Bedürfnisse des Königssohns sind ihm einerlei.

Der Leser wird vielleicht fragen, wieso der Königssohn denn in eine Depression fiel. Auf den ersten Blick scheint er Depressionen wirklich nicht zu kennen, oder aber er verbirgt sie hinter seiner immerwährenden, anscheinend durch nichts zu erschütternden Fröhlichkeit. Mir scheint, daß wir in unserem Märchen an verschiedenen Stellen die feinen Andeutungen nur richtig verstehen müssen, um die ganze Wirklichkeit des Königssohns zu erfassen. So heißt es, nachdem der Riese ihn geblendet hatte:

»Nun stand da der arme Königssohn, war blind und wußte sich nicht zu helfen.« Wahrlich das Bild eines bedauernswerten Menschen, von dem man annehmen kann, daß er depressiv sei.

Wie kann man aus diesem Teufelskreis von Grandiosität und Depression herauskommen? Das ist bei schweren narzißtischen Störungen nicht ohne eine längerdauernde Psychotherapie möglich, und hier muß ich mich mit dem Hinweis begnügen, daß nur die echte Trauer weiterhelfen kann, und zwar Trauer darüber, daß ich die erhoffte und immer wieder neu gesuchte Zuwendung und Liebe, die mir in meiner frühen Kindheit versagt blieb, auch in Zukunft nie werde erreichen können. Diese Trauer darf jedoch nicht verwechselt werden mit dem Gefühl eines sentimentalen Selbstmitleids, in das wir uns immer wieder hineinhängen lassen können, ohne daß uns dies auch nur einen kleinen Schritt auf dem Weg zur Selbstfindung weiterbringen würde. Echte Trauer ist immer verbunden mit dem Annehmen des Verlustes oder dem endgültigen Verzicht darauf, das bisher sehnsüchtig gesuchte Gut jemals zu finden. Solche Trauer ist mit einem sehr schmerzlichen, harten und klaren Gefühl verbunden, und nach einiger Zeit spüren wir dann, wie die zunächst erstarrte und anscheinend ausweglose Situation sich aufzulösen beginnt, wie unser Gesicht wieder weicher und unser Herz wieder wärmer wird und wir einen ganz neuen Zugang zu unserer Gefühlswelt erlangen, vielleicht sogar so stark, als sei eine ganz neue Dimension in unser Leben hineingekommen. Wir haben dann zwar endlich Abschied von alten, unerfüllbaren Hoffnungen genommen, sind aber nun offen für neue Erfahrungen. Genauso eröffnen sich für den Königssohn neue, vorher nicht zu ahnende Wege und Möglichkeiten, um aus einer ausweglos erscheinenden Situation herauszukommen.

Der rettende Löwe

Die Krise der Lebenswende

»Nun stand da der arme Königssohn, war blind und wußte sich nicht zu helfen. Da kam der Riese wieder herbei, faßte ihn bei der Hand, wie jemand, der ihn leiten wollte, und führte ihn auf die Spitze eines hohen Felsens. Dann ließ er ihn stehen und dachte: Noch ein paar Schritte weiter, so stürzt er sich tot, und ich kann ihm den Ring abziehen. Aber der treue Löwe hatte seinen Herrn nicht verlassen, hielt ihn am Kleide fest und zog ihn allmählich wieder zurück. Als der Riese kam und den Toten berauben wollte, sah er, daß seine List vergeblich gewesen war. ›Ist denn ein so schwaches Menschenkind nicht zu verderben!‹ sprach er zornig zu sich selbst, faßte den Königssohn und führte ihn auf einem andern Weg nochmals zu dem Abgrund; aber der Löwe, der die böse Absicht merkte, half seinem Herrn auch hier aus der Gefahr. Als sie nahe zum Rand gekommen waren, ließ der Riese die Hand des Blinden fahren und wollte ihn allein zurücklassen, aber der Löwe stieß den Riesen, daß er hinabstürzte und zerschmettert auf den Boden fiel.«

Wie ich bereits an früherer Stelle andeutete, können wir die zwei unterschiedlichen Abschnitte unseres Märchens auch sinnbildlich als zwei verschiedene Lebensabschnitte betrachten, die man gemeinhin als erste und zweite Lebenshälfte bezeichnet. Der Übergang von der einen Lebensphase in die andere ist – wie ja auch in unserem Märchen – häufig mit einer schweren Krise verbunden. Das Wort Krisis bedeutet Entscheidung oder Wendepunkt, der entscheidende Wendepunkt. Die Krisis muß durchschritten und durchlitten werden, damit sie in die Lysis, die Lösung, übergehen kann. Im Chinesischen bedeutet übrigens das Schriftzeichen für Krise zugleich auch Chance. Die Krise ist eine notwendige und sinnvolle Phase in psychischen Entwicklungsprozessen, vor allem auch in der Lebenswende. Dabei fällt einem vielleicht auch der inzwischen schon modisch gewordene Begriff der midlife crisis ein. Allenthalben hört und liest man von dieser Krise der Lebensmitte, doch erscheint mir diese Bezeichnung nicht treffend und sinnvoll zu sein, da sie zu arithmetisch und statisch ist. Lebensmitte bedeutet für die meisten Menschen: vermeintliche Lebenserwartung dividiert durch zwei. Wer aber weiß schon, wann die Mitte seiner Lebensjahre erreicht ist? Mozart zum Beispiel wäre demnach in seiner Lebensmitte gestorben. Lebensmitte ist kein Zeitbegriff, sondern eine Entwicklungsphase, die ich lieber mit »Lebenswende« bezeichne. Diese ist nicht an bestimmte Lebensjahre gebunden, den einen trifft sie vielleicht mit dreißig Jahren, den anderen erst mit fünfzig, und wieder anderen gelingt sie vielleicht überhaupt nicht, sie bleiben ein puer aeternus, ein ewiger Jüngling, oder eine puella aeterna, ein ewiges Mädchen. Im Wort »Lebenswende« steckt der Begriff der Wende, die mit Dynamik verbunden ist, einmal in dem Sinne: Es kommt zu einem Wendepunkt, das Blatt wendet sich, ganz gleichgültig, ob ich damit einverstanden bin oder nicht; zum anderen aber auch: Ich kann das Blatt noch einmal wenden, ich wende mich, ich verwandle mich, ich überlasse mich der Wandlung.

Natürlich kann ich mich der Wende und der Wandlung auch widersetzen, indem ich zum Beispiel einfach die Situation verleugne und noch einmal durchstarte, als wäre ich erst zwanzig. Die Folgen sind oft ein plötzlicher Absturz (zum Beispiel Unfall oder Herzinfarkt) oder ein regressives und nach allen Seiten absicherndes Sicheinrichten in einer scheinbar heilen Welt. Oder aber man bleibt ein »ewiger Jüngling« oder ein »ewiges Mädchen«, deren Glanz aber meistens in der zweiten Lebenshälfte eigentümlich verblaßt und verflacht, man merkt ihnen die fehlende Tiefe schnell an. Sie selber fühlen sich dadurch verunsichert und werden zunehmend unzufrieden.

Unser Königssohn erlebt die erste Lebenshälfte in einer starken Ichhaftigkeit, er ist sich seines Wertes mehr als bewußt. Das Denken hat den Vorrang vor dem Fühlen. Er ist in seiner extravertierten Einstellung ganz der Welt zugewandt. Man hört ihn gleichsam sagen: Was kostet die Welt, ich kann schließlich alles, wozu ich Lust habe. Er hat eine geradlinige und zupackende Art in der Bewältigung von Problemen und hat sich schon daran gewöhnt, immer Erfolg zu haben. Aber gerade, als er auf dem Höhepunkt seiner

Macht steht, kommt der plötzliche Absturz, der Fall in Dunkel und Blindheit. Die erste Lebenshälfte endet in einer Katastrophe, aus der es nach menschlichem Ermessen keinen Ausweg mehr gibt. Der Königssohn hat seine Kräfte über- und die listenreiche Bösartigkeit des Riesen unterschätzt, obwohl er ja durch den ersten Diebstahlversuch des Riesen schon vorgewarnt war. Er war noch zu arglos und gutmütig, hatte die Macht des Bösen noch nicht an sich und in sich erfahren. Mit um so größerer Härte überfällt es ihn jetzt. Und die Wende kommt mit jäher Wucht. Er konnte sich nicht darauf vorbereiten. Wir können uns ohnehin nicht durch den Versuch einer gedanklichen Vorwegnahme gegen die Krise der Lebenswende absichern, es kommt doch häufig anders, als wir denken, ganz neue und andersartige Dimensionen kommen ins Spiel.

Wie nun der arme Königssohn in seiner Blindheit und Hilflosigkeit dasteht, ist es um sein bisheriges Omnipotenz- und Selbstwertgefühl geschehen. Durch die Blendung ist er plötzlich gezwungen, seine Einstellung zur Welt völlig umzukehren, der Blick kann sich nur noch nach innen richten, aus der bisher vorherrschenden Extraversion wird Introversion. Er muß sich nun mit sich selbst befassen, eine Aufgabe, von der er sich vorher durch aufregende Erlebnisse und Abenteuer nur zu gerne ablenken ließ. Hat er, vom anscheinend selbstverständlichen Erfolg verwöhnt, bisher nur auf sich selbst vertraut und versucht, alles unter der Kontrolle seines bewußten Ich zu halten, so ist er jetzt durch die Umstände dazu genötigt, sich der Führung des Löwen zu überlassen, sich also einer hilfreichen Kraft aus dem Unbewußten anzuvertrauen. Ihr verdankt er es schließlich, daß er zunehmend besser mit seinem Gefühl in Kontakt kommt. Im Märchen geschieht es in der Szene, in der der Königssohn am Bache sitzt und der Löwe ihm mit seiner Tatze das Wasser ins Antlitz spritzt. Dadurch kommen die Augen mit dem Wasser in Berührung, was bedeutet, daß eine Art geistiges Schauen sich mit dem Gefühl und den Kräften des Unbewußten verbindet, wodurch wiederum eine höhere Ebene von Bewußtwerdung ermöglicht wird. Das neue, erweiterte Bewußtsein mit seiner auch dem Unbewußten gegenüber offenen Einstellung erkennt denn auch in dem zunächst noch blinden und dann durch das Wasser wieder sehend gewordenen Vogel den Wink Gottes. Damit wird der gnadenhafte Aspekt angedeutet, der aber nicht im streng religiösen Sinne verstanden werden will, sondern darauf hinweist, daß überpersönliche, »göttliche«, unserem Selbst entstammende Kräfte uns bei der Lösung der Krise weiterhelfen können, wenn wir nur gegenüber den Zeichen, die sie uns geben, offen sind und deren Botschaft auch verstehen.

Während die Schlange im Paradies das Weib Eva verführte mit der falschen Versprechung, »so werden eure Augen aufgetan, und ihr werdet sein wie Gott«, werden die Augen des Königssohns gerade dann wieder so hell und rein wie nie zuvor, als er den Wink Gottes erkennt und damit das Walten einer überpersönlichen Kraft anerkennt. Nun kommt ihm nicht mehr jenes einem Omnipotenzgefühl entspringende Wort von den Lippen: »Ich kann alles, wozu ich Lust habe«, denn das bedeutet schließlich auch: »Ich bin wie Gott«, der allein allmächtig ist und alles kann, wozu er Lust hat. Als der Löwe den Königssohn dann schließlich zu der Begegnung mit der ihm noch unbewußten Weiblichkeit und damit auch zu seiner noch unentfalteten Fühlfunktion im Bilde der schwarzen Jungfrau führt und diese ihn fragt, ob er sie erlösen wolle, sagt er nicht mehr, daß er alles könne, sondern in aller Bescheidenheit und mit dem Blick für das rechte Maß: »Ich will's mit Gottes Hilfe versuchen.«

Der Königssohn hat dadurch, daß er sein Gesicht im Wasser badete, eine neue Sichtweise gewonnen. Diese ist auch erforderlich, um die ganz neuen Möglichkeiten der zweiten Lebenshälfte erkennen zu können. Ab jetzt gelten andere Maßstäbe und Spielregeln. Mit dem Rüstzeug der ersten Lebenshälfte allein kommt er nun nicht mehr zurecht. Damit würde er nach der Lebenswende nur Schiffbruch erleiden.

Wie sich die neue Einstellung in der Begegnung mit dem Weiblichen auswirkt und zur Selbstfindung führt, wollen wir in den folgenden Kapiteln untersuchen. Doch zunächst möchte ich den Blick noch einmal auf die Erscheinungsformen der Krise der Lebenswende lenken. Eine sehr treffende Beschreibung der Ausgangssituation finden wir am Anfang der Göttlichen Komödie von Dante. Ich zitiere die ersten Strophen in der Übersetzung von Stefan George:

»Es war inmitten unsres Wegs im Leben,
Ich wandelte dahin durch finstre Bäume
Da ich die rechte Straße aufgegeben.

Wie schwer ist reden über diese Räume
Und diesen Wald, den wilden rauhen herben,
Sie füllen noch mit Schrecken meine Träume.

So schlimm sind sie daß wenig mehr ist sterben.
Doch schildr' ich alle Dinge, die mir nahten
Ob jenes Guts das dort war zu erwerben.

Ich weiß nicht recht mehr wie ich hingeraten.
So war ich voller Schlaf um diese Stunde
Daß sich mir falsche Wege offentaten.«[14]

Es scheint schicksalhaft zu dieser Krise zu gehören, daß ich mich in einem undurchdringlichen Dikkicht verirre, wobei ich nicht einmal weiß, wie ich hineingeraten bin. Aber eines ist mir klar, daß ich in einer Art Sackgasse gelandet bin, aus der auf den ersten Blick kein Ausweg herauszuführen scheint. Aber im tiefsten Unbewußten ist auch ein Ahnen, daß hier ein Gut zu erwerben ist, wie Dante es ausdrückt.

Immer öfter kommen Menschen wegen der Schwierigkeiten dieser Lebensphase in meine Praxis. Ihnen allen ist gemeinsam, daß sie einfach nicht mehr weiter wissen, von dem Gefühl belastet, aus einer Sackgasse nicht mehr herauszukommen. Vieles in ihrem Leben ist fragwürdig oder gar sinnlos geworden. Entweder sind sie mit sich selber und dem bisher Erreichten unzufrieden oder empfinden die berufliche Situation oder die Partnerschaft als unbefriedigend und nicht zukunftsträchtig. Im schlimmsten Falle sind sie in allen drei genannten Bereichen betroffen und gestört, was sich dann häufig zusätzlich noch in psychosomatischen Beschwerden ausdrückt. Selbst wenn die körperlichen Symptome im Laufe der Behandlung mehr oder weniger verschwinden, bleibt oft eine Plan- und Ziellosigkeit bestehen, die Fragen Woher und wohin? Wozu das alles? Was jetzt? verlangen unüberhörbar nach Antwort.

Vielleicht ist es in diesem Zusammenhang ganz interessant, daß auch Freud und Jung diese Krise der Lebenswende durchmachen mußten. Freud schrieb im Alter von etwa 41 Jahren: »Ich glaube, ich bin in einer Puppenhülle, weiß Gott, was für ein Vieh da herauskriecht«, und weiter: »Ich habe übrigens irgend etwas Neurotisches durchgemacht, komische Zustände, die dem Bewußtsein nicht faßbar sind, Dämmergedanken, Schleierzweifel, kaum hie und da ein Lichtstrahl . . .« Es kommt zu Arbeitsstörungen: »Ich kann sehr deutlich zwei verschiedene intellektuelle Zustände an mir unterscheiden, einen, in dem ich mir alles, was meine Leute erzählen, sehr gut merke, während der Arbeit auch Neues erfinde, aber außerhalb derselben nicht nachdenken kann und nichts anderes arbeiten kann – und einen zweiten, in dem ich Schlüsse ziehe, Notizen mache, auch freies Interesse habe, aber eigentlich weiter weg von den Dingen und nicht recht aufmerksam bei der Arbeit mit den Kranken bin.«[15] Vorübergehend leidet Freud sogar an einer Schreiblähmung, und bei einer Reise nach Italien kommt er infolge einer inneren Hemmung – er identifizierte sich zu sehr mit Hannibal – nicht über Perugia hinaus. Jedenfalls macht die »Heilung« von einem Pseudoherzleiden Fortschritte, als er erkennt, daß er selber hysterische Züge hat.

C. G. Jung kam mit etwa 37 Jahren in die Krise der Lebenswende. Er selber nannte diese von Frey-Wehrlin[18] näher beschriebene Krise »Erlebnisprozeß« beziehungsweise »die Auseinandersetzung mit dem Unbewußten«. Es folgte eine Zeit innerer Unsicherheit, ja Desorientierung. Der innere Druck wurde so stark, daß Jung an eine ernsthafte psychische Störung dachte. »Ich lebte in einer intensiven Spannung, und es kam mir vor, als ob riesige Blöcke auf mich herunterstürzten. Ein Donnerwetter löste das andere ab. Daß ich es aushielt, war eine Frage der brutalen Kraft.«[16] Es war die Zeit nach der Trennung von Freud, in der er seinen eigenen Standpunkt noch besser finden mußte. »Meine Wissenschaft war das Mittel und die einzige Möglichkeit, mich aus jenem Chaos herauszuwinden.«[16] Jung half sich selber mit der von ihm beschriebenen Technik der Aktiven Imagination, um der ihn überschwemmenden Träume und Phantasien Herr zu werden. Er versuchte, die ihm greifbaren Phantasien in Wort und Bild zu beschreiben. Am Ende dieses schöpferischen Prozesses, der sich aus dem Chaos heraus entwickelte, stehen die zahlreichen Mandalas – kreisförmige Zeichnungen –, die Ausdruck des »Selbst« sind. Jung gewann den Eindruck, daß dieser Entwicklungsprozeß schließlich zur Bildung eines inneren Zentrums führte, das er »Selbst« nannte. Dieses Selbst stellt die Mitte der Gesamtpersönlichkeit – der bewußten und unbewußten – dar, während das Ich das Zentrum der bewußten Persönlichkeit ist.

Ellenberger setzt in seinem Buch »Die Entdekkung des Unbewußten«[17] diese Zeit im Leben Jungs in Beziehung zu Freuds »Neurose« und nennt diese Periode »schöpferische Krankheit«. Besser scheint jedoch hier der Begriff Krise zu sein, da Jung – wie auch Freud – während der Krise das äußere Leben anscheinend normal weiterlaufen ließ, wobei die Ansprüche der Außenwelt bei beiden eine wichtige und hilfreiche Rolle spielten. Frey-Wehrlin sagt: »Es wäre ein gefährlicher Irrtum zu glauben, daß die Selbstwerdung, die Individuation, durch innere Erfahrung in ein mystisches Sich-Abkapseln von der Außenwelt führt.«[18] – Jung sagt selbst dazu: »Individuation schließt die Welt nicht aus, sondern ein.«[19] – »Der schöpferische Aspekt der Krise zeigt sich darin, daß Freud wie Jung im Anschluß daran je eines ihrer wichtigsten Werke schrieben, nämlich die ›Traumdeutung‹ bzw. die ›Psychologischen Typen‹.«[18]

Die Krise der Lebenswende tritt in den verschiedensten Formen in Erscheinung, je nachdem, ob die Hauptstörung im Bereich der Identitätsfindung oder aber im beruflichen oder partnerschaftlichen Bereich liegt, oder vielleicht sogar in allen drei Bereichen. Da erlebt plötzlich ein Mensch, der sich bisher immer für originell hielt, der glaubte, längst seinen eigenen Stil gefunden zu haben, daß er letztendlich doch einer von ihm stets gefürchteten und beschimpften Routine anheimgefallen ist, mag es sich dabei auch um eine noch so unkonventionelle Routine handeln. Dann taucht die Frage auf: »War das alles?« oder wie es in einem Song von Wolf Biermann heißt: »Das kann doch nicht alles gewesen sein. Da muß doch noch irgendwas kommen. Nein, da muß doch noch Leben ins Leben – Leben ...« Wohin führt das alles? Was hat das alles überhaupt für einen Sinn?

Wird keine Antwort gefunden, so entlädt sich der innere Druck oft in für die Umwelt unverständlichen Affekthandlungen. Oder das Gefühl der Ausweglosigkeit, der immer stärker bohrende Gedanke, sich in einer Sackgasse zu befinden, treibt die Betroffenen in Alkoholismus, Tablettenmißbrauch, Suizidalität, wobei letztere häufig in latenter und unbewußter Form als Unfallneigung auftreten kann.

Viele Menschen haben in diesem Lebensalter auch Schwierigkeiten, weil sie sich an einem falschen Begriff von »Normalität« orientieren. Sie setzen bei anderen Menschen eine normale Entwicklung und ein normales Verhalten voraus, welche in der Realität gar nicht gegeben sind, und diesen wirklichkeitsfremden Maßstab legen sie dann an sich selber an. Auch hier gilt der bereits genannte Ausspruch von Jung: »Der richtige Weg zur Ganzheit besteht aus schicksalsmäßigen Umwegen und Irrwegen.« Der Entwicklungsprozeß verläuft über weite Strecken des Lebens eben nicht linear, sondern oft in dialektischen Sprüngen.

Zu dem falschen Begriff von Normalität fand ich eine bemerkenswerte Passage in der Erzählung »Die Widmung« von Botho Strauß: »Was das Normale ist, in seiner überwältigenden Macht, bekommt man vielleicht erst beim normalen Scheitern zu spüren, so physisch, so analytisch. Jeder, der einer Trennung oder Zerstörung ausgesetzt ist, erfährt dies als das Negative und als das Besondere, während ihm das Zusammenbleiben als das Positive und das Allgemeine erscheint. In Wahrheit liegen die Verhältnisse jedoch umgekehrt, und das Negative, das Scheitern, die Trennung, der Irrtum machen das Allgemeine aus, wofür allein schon Zahlen und Tatsachen sprechen. So ermittelt schließlich die äußerste Subjektivität des Scheiterns den einzig verläßlichen Erfahrungswert für das Wort ›normal‹, das ja im übrigen ziemlich unnahbar ist.«[20] Schließlich möchte ich noch erwähnen, daß Gustav Richard Heyer von denen, die sich für so ganz in Ordnung halten, als von »Normopathen« sprach.

In dem Film »Szenen einer Ehe« sagt Johan, als er seine geschiedene Frau Marianne einmal wiedertrifft: »Ich glaube vielleicht, daß ich aufgehört habe, mich zu verteidigen. Irgend jemand hat mal gesagt, ich sei schlapp und nachgiebig geworden. Daß ich mich sozusagen selbst verkleinert hätte. Das stimmt aber nicht. Ich glaube vielmehr, daß ich jetzt meine richtigen Proportionen gefunden habe. Und daß ich mit einer gewissen Demut meine Grenzen akzeptiert habe. Das macht mich freundlich und ein bißchen traurig.«[21]

Eine Neuorientierung im beruflichen Bereich im Sinne einer gereiften Resignation wird schließlich zu jener Beschränkung finden, in der sich erst der Meister zeigt. Die bisher vielleicht immer wieder erfolgreiche Expansion macht einer neuen Form von Intensivierung Platz, die das Erreichte festigt und untermauert. Auch muß ich erkennen, daß ich selbst in einem relativ begrenzten Fachgebiet kaum noch eine vollkommene Übersicht haben kann. Ich muß gewisse Bereiche einfach auslassen und mich auf das

Wesentliche beschränken und vielleicht in einer neuen Bereitschaft zur Zusammenarbeit, die nicht nur Konkurrenten um sich herum sieht, meinen Anteil in ein Teamwork einbringen und mit meinem speziellen Beitrag für ein größeres Ganzes zufrieden sein. Vielleicht muß ich aber auch den Mut haben, meine bisherige berufliche Tätigkeit ganz in Frage zu stellen und einen Neubeginn zu wagen, der sich allerdings streng an der Realität orientieren sollte.

Bei einer Neuorientierung in der Partnerschaft muß nicht immer gleich ein neuer Partner oder eine neue Partnerin her; wenn ich nur den anderen für das Mißlingen der Partnerschaft verantwortlich mache, werde ich mich in einer neuen Partnerschaft wahrscheinlich bald in gleichartigen Konfliktsituationen wiederfinden. Das geschieht vor allem, wenn mir der andere nur zur eigenen Selbstbestätigung verhelfen soll oder wenn ich in einer infantilen und illusionären Erwartungshaltung verharre, die sich die totale Beglückung durch den anderen erhofft, statt aktiv an der Entwicklung der Beziehung mitzuwirken. Suche ich im anderen immer wieder nur ein mir innewohnendes Bild vom Gegengeschlecht, oder bin ich wirklich bereit, in ihm das ganz andere zu erfahren und in der Auseinandersetzung mit ihm einen neuen Einblick in eigene, bisher vernachlässigte Tiefen zu gewinnen? Wenn ich eine bewußt gestaltete Beziehung anstrebe, muß ich wissen, daß ich den anderen niemals haben oder besitzen kann, daß wir uns beide ständig ändern und daher uns immer wieder neu um die Beziehung bemühen und unter Umständen auch darum kämpfen müssen; daß wir aber auch zu einer ehrlichen Trennung bereit sein sollten, wenn keine tragfähige Gemeinsamkeit mehr besteht oder die gegenseitige Behinderung der Selbstverwirklichung unerträglich wird.

Zur Bewältigung der Krise der Lebenswende gibt es keine Patentrezepte, und da sich die Krise in so vielfältigen Ausprägungen zeigen kann, muß eben jeweils der individuell richtige oder besser angemessene Weg des Vorgehens gefunden werden. Da eine Krise ja nicht unbedingt mit Krankheit verbunden sein muß, auch nicht mit einer neurotischen Fehlhaltung, braucht der Betroffene auch weniger eine psychotherapeutische Behandlung als vielmehr Krisenberatung. Dabei sollte Beratung nicht mißverstanden werden im Sinne von »Ratschläge erteilen«. Das ist nicht die Aufgabe eines psychotherapeutisch orientierten Arztes. Er kann vielleicht dem Ratsuchenden helfen, den roten Faden in der Krise und die in ihr liegenden Lösungsmöglichkeiten zu erkennen. Wenn überhaupt Beratung, dann, wie Walter Schulte es ausdrückte, »nicht in dem Sinn, daß auf der einen Seite ein omnipotenter Spender, auf der anderen Seite ein ratbedürftiger Empfänger sitzt . . . Im Rahmen der kommunikativen Psychotherapie wird aus dem Raten ein *gemeinsames Beraten*, in dem der Ratgeber zum Teilhaber der Ratlosigkeit des anderen wird und die Solidarität von Patient und Psychotherapeut zustande kommt, die therapeutisch fruchtbar werden kann.«[22] Ganz entscheidend ist also die Haltung des Beraters, die dem Ratsuchenden vermittelt, daß auch der Berater als selbst Betroffener im Entwicklungsprozeß der Selbstfindung steht und doch Ruhe und Gelassenheit ausströmt, weil er aus eigener Erfahrung weiß, daß die Krise zu einer Lösung führen kann.

Kommt ein Patient in diesem Lebensalter zum Arzt, muß dieser die Übersicht haben und eben auch an die Krise der Lebenswende denken, wenn Depressionen, Versagensängste, Zwänge oder psychosomatische Beschwerden auftreten. Es gilt dann, die Krise in all ihren Zusammenhängen zu erkennen und sie dem Patienten erkennbar zu machen und nicht einfach nur Psychopharmaka zu verschreiben oder dem Patienten jovial auf die Schulter zu klopfen und zu sagen: »Es wird schon wieder.« Andererseits denken viele Patienten auch selber an diese Krise, haben sie doch schon allzu viel über die modische midlife crisis lesen können. Führt die Krise jedoch zu einer neurotischen Kompromiß- und Symptombildung, ist eine Überweisung an einen Psychotherapeuten angezeigt, natürlich immer nur nach vorherigem Ausschluß organischer Ursachen der Symptome.

Kehren wir nun zurück zu unserem Königssohn und schauen wir uns einmal an, wie sich die Krise der Lebenswende bei ihm auswirkt und wie er sich auf seinen Weg in die zweite Lebenshälfte macht. Aus der Auseinandersetzung mit dem Riesen, also mit den Schattenaspekten, die zunächst zu einer anscheinend ausweglosen Katastrophe führte, ist er letztendlich gestärkt hervorgegangen. Er hat sich gleichsam die Kraft des Riesen einverleibt. Wir hatten ja schon an früherer Stelle gesehen, daß die Einverleibung, oder anders ausgedrückt, die Integration des Schattens paradoxerweise zu einer Stärkung des Ich führt und nicht, wie befürchtet, zu einem Überwuchern der dunklen und gefährlichen Mächte. Die wilden, ungestümen und oft destruktiv wirkenden Kräfte stehen dem Königssohn nun zur Verfügung, werden von ihm auch als eigen und zu ihm gehörig erlebt, während sie vor der Krise als relativ autonom wirkende Fremdkörper empfunden wurden, deren Attacken sich ganz unvermittelt gegen ihn selbst richten konnten.

Eine der wichtigsten Erfahrungen in der Krise aber war wohl die, daß in den dunkelsten Stunden, als es wirklich um Leben und Tod ging, der Löwe – als eine nicht vom Wollen gesteuerte, sondern als eine ohne sein Zutun aus seinem eigenen Unbewußten heraus wirkende, zielgerichtete Kraft – ihm in den entscheidenden Augenblicken stets zu Hilfe kam und genau das Richtige tat. Der Löwe rettete ihn nicht nur mehrmals vor dem Sturz in den Abgrund, sondern er hat auch eine wahrnehmende Funktion, er erkennt die böse Absicht des Riesen. Löwe und Riese, zwei gewaltige Mächte im Widerstreit miteinander in einem Menschen, wobei dieser, nachdem die Katastrophe eingetreten ist, nicht viel mehr tun kann, als der Kraft des Löwen zu vertrauen und ihr Raum zu geben. Natürlich gehört auch eine gehörige Portion Demut dazu, anzuerkennen, daß ich in den entscheidenden Situationen meines Lebens nicht alles unter der Kontrolle meines bewußten Ich halten kann und die eigentlichen Heldentaten nicht meinem Wollen entspringen. Solche Erfahrungen führen dann zu einem bewußteren Erleben jener Kräfte, die uns aus unserem Selbst als dem Mittelpunkt unserer ganzen Persönlichkeit, der bewußten und unbewußten, zufließen, ja sie führen zu einer intensiveren Beziehung zwischen dem Ich und dem Selbst.

So geschieht es auch beim Königssohn. Zunächst wird seine Beziehung zum Löwen vom Märchen ziemlich einseitig dargestellt, es ist vorwiegend eine Beziehung vom Löwen zum Königssohn. Dieser kümmert sich eigentlich nicht viel um den Löwen. Wenn vom Königssohn in seiner Beziehung zum Löwen die Rede ist, so wird immer wieder von »seinem Herrn« gesprochen. (Es lohnt sich, diese Stellen noch einmal nachzulesen.) Aber nach dem Erlebnis am Bach, das dem Königssohn durch die hilfreiche Intervention des Löwen eine neue Sichtweise vermittelte, heißt es erstmals, daß er mit »seinem« Löwen weiter in der Welt herumzog. Jetzt hat auch der Königssohn von sich aus eine Beziehung zum Löwen gewonnen, Ich und Selbst kommen miteinander immer mehr in Einklang.

Noch etwas scheint mir bei der Betrachtung der Krise wichtig zu sein: Gerade in dem Bereich des in der Krise erlittenen Traumas, dort, wo der Defekt offenbar wurde, bietet sich eine Lösungsmöglichkeit an, die jedoch vom Königssohn nicht bewußt angestrebt wird, sondern zu der ihn der Löwe hinführt. Die Blendung lenkt den Blick nach innen, und diese Umkehr des Erlebens ermöglicht ein neues Sehen, eine geistige Schau, in der bisher übersehene Perspektiven aufleuchten. Dieses nach innen gerichtete Sehen verbindet sich dann mit der am Bach wiedergewonnenen Fähigkeit, auch die äußere Welt wieder zu sehen, zu einer tieferen und intensiveren Form des Erkennens.

In der Psychotherapie erleben wir ja auch immer wieder, daß gerade dort, wo ein Mensch seine besonderen Schwierigkeiten und Nöte hat, ein verborgener Schatz vergraben liegt, eine verschüttete Quelle, die freigelegt werden will, um dann aus den Tiefen der Seele frisches Wasser emporsprudeln zu lassen. An der dunkelsten und trostlosesten Stelle der Krise liegt zugleich der Angelpunkt für die Lösung. Wenn die Quelle frei sprudeln kann, bedeutet dies, daß die bis dahin durch den ungelösten Konflikt gebundene Energie frei wird und den Lebensstrom wieder in Bewegung bringt. Gerade dort also, wo der Königssohn in der ersten Lebenshälfte versagt hat, nämlich in der Begegnung mit dem Weiblichen, erhält er jetzt noch einmal eine Chance, diese mit der neuen Sichtweise und mit den ihm zugewachsenen neuen Kräften besser zu bewältigen.

Ich bin gespannt, wie der Königssohn dieses Mal seine Chance nutzen wird, wie er im zweiten Anlauf die Begegnung mit dem Weiblichen erlebt und gestaltet! Wird er mit seinen neuen Augen die Aufgaben der Frau gegenüber besser erkennen und wahrnehmen?

Die schwarze Jungfrau

Wie Männliches und Weibliches einander erlösen

»Nun trug es sich zu, daß er vor ein Schloß kam, welches verwünscht war. In dem Tor stand eine Jungfrau von schöner Gestalt und feinem Antlitz, aber sie war ganz schwarz.«

Es kommt nun also zu einer persönlichen Begegnung mit einer Frau, während es bei dem ersten Kontakt mit dem Weiblichen im Zusammenhang mit dem Apfel aus dem fernen Garten noch recht unverbindlich zuging. Jetzt aber steht eine reale Frau unausweichlich vor ihm. Sie steht vor den Toren ihres Schlosses, als hätte sie schon auf ihn gewartet, und übernimmt auch gleich die Initiative. Sie tischt ihm sofort ihre Probleme auf und fügt die Bitte an, ihr doch bei deren Lösung behilflich zu sein. Welcher Mann würde nicht gerne einer schönen Jungfrau mit feinem Antlitz aus ihren Schwierigkeiten helfen? Der Königssohn fühlt sich also in seiner Hilfsbereitschaft angesprochen und möchte wissen, was er tun soll. Er ist ja gewohnt, Probleme bei den Hörnern zu packen und ohne größere Umschweife einer Lösung zuzuführen. Aber so einfach geht es hier nicht, dazu ist der Sachverhalt zu kompliziert und undurchsichtig. Die Jungfrau ist verzaubert und das ganze Schloß verwünscht. Das deutet auf eine innere Problematik hin, da kann man mit bravourös ausgeführten Heldentaten, mit der Bewältigung der äußeren Realität nicht viel ausrichten. Wenn über die Jungfrau ein böser Zauber geworfen ist, so bedeutet dies wohl, daß sie nicht oder noch nicht sie selber sein kann, sie hat noch nicht zu ihrer wahren Identität gefunden, auch nicht zu ihrer Identität als Frau. Verzaubert sein hat auch etwas mit einer inneren Erstarrung zu tun, der Reifungsprozeß ist nicht mehr im Fluß, neue Entwicklungsmöglichkeiten sind blockiert. Zudem ist die Jungfrau ganz schwarz, womit angedeutet wird, daß sie noch im Zustand dunkler Unbewußtheit befangen ist, sich über ihre Probleme nicht klar ist. Sie weiß nur, daß sie verzaubert und damit erlösungsbedürftig ist. Das sagt sie dem Königssohn sofort ganz offen, und der ist zu ihrer Erlösung bereit, vielleicht schon dunkel ahnend, daß damit auch für ihn selbst ein Stück Erlösung sich vollziehen kann. Denn auch er spürt wohl inzwischen, daß es bei ihm noch etwas zu erlösen gibt, nämlich das Gefühl, mit dem er bisher noch nicht gut zurechtgekommen ist. Auf seine Frage, was zu tun sei, erhält er von der Jungfrau recht klare Anweisungen: Er muß drei Nächte lang im Saal des verwünschten Schlosses große Qualen ertragen, ohne zu klagen.

Hier drängt sich ein Vergleich mit der Zauberflöte auf: Tamino bekommt auf seine Frage, ob er Pamina retten kann, die Antwort: »Sei standhaft, duldsam und verschwiegen. Bedenke dies; kurz, sei ein Mann, dann Jüngling wirst du männlich siegen.«

Im Märchen bestehen die von der Jungfrau angekündigten Qualen darin, daß der Königssohn von vielen Teufeln auf dem Boden herumgezerrt, gezwickt, gestochen, geschlagen und gequält wird. Er muß also in einer exzessiven Form wirklich fühlen lernen. So etwas geht an die Nieren, die ganze leibliche Existenz ist mitbetroffen, das Problem kann nicht vom Verstand allein gelöst werden. Wie sollte man von ihm auch einen Zugang zum Gefühl erwarten können? Wer hat es nicht selbst schon einmal erlebt, wie sehr sich starke Gefühle im körperlichen Befinden ausdrücken können. In unserem Märchen geht es nicht nur um das Ertragen des körperlichen Schmerzes, sondern auch um das Aushalten der Einsamkeit im Saal des Schlosses. Der Königssohn, dem in seiner Extravertiertheit der ersten Lebenshälfte das Erleben der Welt über alles ging und der sich so gern von Menschen und Dingen zu Spielen und Abenteuern reizen ließ, wird hier in räumlicher Abgeschiedenheit einmal mehr zur Introversion, zur Beschäftigung mit sich selbst, mit dem eigenen Inneren, geführt.

Ähnlich wie Tamino in der Zauberflöte muß er zunächst einmal die Fähigkeit erwerben, allein sein zu können. Das ist wohl eine der Grundvoraussetzungen für eine reife Partnerschaft. Denn Einsamkeit kann *einen*, Gemeinsamkeit unter Umständen auch *gemein* machen. All-ein sein kann mich mit dem All, mit dem Kosmos, in Verbindung bringen, während zu viele Gemeinsamkeiten mich zu all-gemein werden lassen können. Alleinsein als Aufgabe meint nicht eine überhebliche Selbstisolation, vielleicht noch mit einem elitären Beigeschmack, sondern ein bewußtes

Annehmen der Einsamkeit als notwendige Durchgangsphase auf dem Weg zur Gemeinsamkeit in einer Partnerschaft. Es genügt also nicht ein vom Schicksal verfügtes Alleinsein, sondern ich muß diesen schmerzlichen Zustand bewußt annehmen. Das kann zunächst unmöglich erscheinen, weil es schier unerträglich ist, sich selber ganz allein auszuhalten. Nur zu gern flüchten wir vor uns selbst in irgendwelche Gemeinsamkeiten. Wenn wir aber die Qualnächte durchstehen, ohne zu klagen, dann werden wir wie der Königssohn spüren, wie frische Kraft in unsere Adern dringt und wie die Partnerin – sei es das Weibliche in uns oder die Frau in der äußeren Realität – ganz neu auf uns zukommt. Wir müssen ihr dann nicht mehr mit unruhigem Herzen nachjagen.

Viele Frauen schätzen beim Mann ja weniger jenen Mut, der sich in gelegentlichen kraftvollen Aktivitäten oder gar glanzvollen Heldentaten äußert, als vielmehr jenen, der mit Ausdauer und Geduld Spannungen und Konflikte im eigenen Inneren aushalten und durchstehen kann, und zwar ohne Selbstmitleid oder mitleidheischendes Herumjammern. Solch ein Mann wird auch in einer Partnerschaft konfliktfähig sein und notwendigerweise auftretende Spannungen fruchtbar machen können für konstruktive und für beide Partner annehmbare Lösungen. Es wird hier sehr schön deutlich, daß in Partnerschaften einer dem anderen am besten helfen kann, wenn er zunächst einmal an sich selber arbeitet und nicht in der Pose des großen Helfers sich auf die Probleme des anderen stürzt.

Was aber hat es mit dem verwünschten Schloß auf

sich? Es ist ja nicht nur ein Zauber über die Jungfrau geworfen, sondern das ganze Schloß ist mit verwünscht. Der Geborgenheit gewährende Aspekt des Schlosses weist auf das Weibliche, insbesondere das Mütterliche hin. Aber wie das Schloß den persönlichen Bereich seiner Bewohnerin, der schwarzen Jungfrau, überschreitet, so ist mit dem Schloß neben der leiblichen Mutter wohl auch die »Große Mutter« als ein überpersönlicher Aspekt, als ein Urbild des Mütterlichen und Weiblichen überhaupt, gemeint. Wenn das Schloß nun verwünscht ist, bedeutet dies, daß die schwarze Jungfrau ein Problem mit der Mutter hat, vor allem mit dem Bild der Mutter und der Frau in sich selber. Sie hat nicht zu ihrer eigenen weiblichen Identität gefunden, sondern steht noch zu sehr unter der Macht der »Großen Mutter«. Dabei meint der Zustand des Verwünschtseins nicht den guten, spendenden Aspekt der Mutter, sondern den negativen, verschlingenden, festhaltenden Aspekt, der das Kind nicht freigeben will zu seiner Selbstverwirklichung. Die Erlösung der Jungfrau ist also auch mit ihrer Befreiung aus der Hand der »Großen Mutter« verbunden. Sie wird damit dem noch zu starken Enthaltensein im Reich des Matriarchats, ihrer noch zu großen Unbewußtheit entrissen. Ebenso muß auch Pamina in der Zauberflöte aus dem überstarken Einfluß ihrer Mutter, der Königin der Nacht, befreit werden, erst dann kann sie sich als Partnerin eines Mannes und nicht mehr als Tochter einer Mutter verstehen.

Wie die Standhaftigkeit und die tapfer ausgehaltenen Qualen des Königssohns zur Erlösung der Jungfrau führen, das findet seinen sichtbaren Ausdruck darin, daß sie von Tag zu Tag weißer wird, das heißt, daß sie zunehmend eine höhere Ebene der Bewußtheit erreicht und damit zu ihrem wahren Wesen findet. Nach Erich Neumann bedeutet das Männliche »für das Weibliche Erlösung zum Bewußtsein, das Weibliche für das Männliche Erlösung vom Bewußtsein«[23]. Auch das letztere wird im Märchen sehr schön bildhaft dargestellt, denn der Königssohn wird schließlich ohnmächtig, verliert also sein Bewußtsein und erwacht dann durch die liebevolle Betreuung von seiten der Jungfrau wie aus einem Schlaf. Sie ist an jedem Morgen ganz schlicht und einfach da, sie berührt ihn, sie wäscht ihn, sie gibt ihm Bestätigung und macht ihm wieder neuen Mut, vor allem aber heilt sie ihn immer wieder aufs neue mit dem Wasser des Lebens. Wenn wir das Wasser hier als ein Symbol für das Gefühl ansehen, so vermittelt hier die Frau dem Manne, der in den Qualnächten an seine äußersten Grenzen kommt, eine neue Dimension, die Dimension des Fühlens. Sie erlöst ihn also von seinem bisher zu sehr vom Rationalen her bestimmten Bewußtsein. In Zukunft wird sein Bewußtsein von Verstand und Gefühl getragen werden. Die Sicherheit des Herzens wird sein Urteil mitbestimmen und es aus der Einseitigkeit der Urteilsfindung durch logische Schlußfolgerungen allein befreien. Die Frucht eines solchen Entwicklungsprozesses kann Weisheit sein.

Hier wird ganz deutlich, daß es nicht nur um die Erlösung der schwarzen Jungfrau geht, sondern daß auch der Königssohn einer Erlösung bedarf. Männliches und Weibliches erlösen einander. Diese gegenseitige Erlösung ist so innig miteinander verflochten, sie vollzieht sich so sehr in wechselseitigen Schritten, daß der nächste Schritt des einen nicht ohne das vorherige Eingreifen des anderen möglich ist. Der Königssohn hätte die nächste Nacht gar nicht überstehen und damit die Erlösung der Jungfrau nicht fortführen können, wenn diese ihn nicht zuvor wieder geheilt hätte. Und die Jungfrau konnte nur deshalb am nächsten Tag im Zustand höherer Bewußtheit zu ihm kommen, weil er in der Dunkelheit der Nacht den nächsten Schritt zu ihrer Erlösung ermöglicht hatte.

Ich habe bei der Überschrift zu diesem Kapitel bewußt die Formulierung »Wie Mann und Frau einander erlösen« vermieden. Die Bezeichnungen Männliches und Weibliches sind umfassender und nicht allein auf den Mann oder die Frau zu beziehen. Denn jede Frau hat ja auch eine männliche und jeder Mann eine weibliche Seite in sich. Wenn wir mit C. G. Jung das Männliche in der Seele der Frau Animus und das Weibliche in der Seele des Mannes Anima nennen, so sind an der Begegnung zwischen dem Königssohn und der schwarzen Jungfrau eigentlich vier Personen beteiligt. Wir können diesen Sachverhalt schematisch so darstellen.

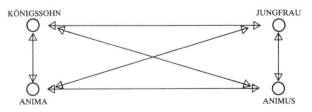

Wenn wir das Märchen im übertragenen Sinne verstehen, können wir die gegenseitige Erlösung von Männlichem und Weiblichem auch aus einem ganz anderen Blickwinkel als bisher betrachten. Dann können wir nämlich einmal die schwarze Jungfrau auch als die undifferenzierte, noch ganz im Unbewußten verhaftete, erlösungsbedürftige weibliche Seite des Königssohns, als seine Anima ansehen und zum anderen den Königssohn auch als den inneren Mann, den Animus der Jungfrau, der aus seiner Einseitigkeit erlöst werden muß, indem er einen schmerzhaften Entwicklungsprozeß durchmacht.

Diese Beziehungen von Mann und Frau zu ihren jeweiligen gegengeschlechtlichen inneren Partnern sollten wir jedoch stets im Zusammenhang mit dem Ganzen des oben dargestellten Beziehungsgeflechtes betrachten. So kann man also die Jungfrau sowohl als reale Partnerin des Königssohns als auch als seine Anima anschauen. Dann wird sofort klar, daß ein Mann seine Anima nur durch die Beziehung zu einer realen Frau erfahren kann. Er kann nicht einfach willkürlich beschließen, sich jetzt einmal dem Erleben seiner Anima zu widmen. Jede rein theoretische Beschäftigung mit dem Thema Anima erschließt ebensowenig den Zugang zu ihr, wie man aus dem Studium von Büchern nicht Auto fahren lernen kann. Da nun die Selbstfindung ohne Bewußtmachung der Anima gar nicht möglich ist, bedeutet das auch, daß der Prozeß der Selbstwerdung, die Individuation des Mannes, gar nicht möglich ist ohne persönliche Begegnung mit einer realen Frau. »Die Liebe mit ihrer Leidenschaft und ihren Schmerzen treibt die

Entwicklung zur Individuation voran, denn es gibt keinen wirklichen Individuationsprozeß ohne Liebeserfahrung. Liebe quält und reinigt die Seele.«[8]
Das dargestellte Beziehungsschema macht darüber hinaus noch deutlich, daß der Mann beziehungsweise die Frau auch den Animus der Partnerin beziehungsweise die Anima des Partners – oder sagen wir besser deren Auswirkungen – mit ihrem bewußten Ich erleben können. Schließlich können Animus und Anima auf der unbewußten Ebene streitend oder konstruktiv miteinander umgehen, auch wenn auf der bewußten Ebene ganz andere Kommunikationsvorgänge ablaufen, vielleicht sogar solche, die dem Geschehen auf der unbewußten Ebene zuwiderlaufen. Oft spielt sich auf der unbewußten Ebene die entscheidende Handlung in einer Beziehung zwischen Mann und Frau ab. Im Zustand noch weitgehender Unkenntnis der Zusammenhänge entscheiden oftmals Animus und Anima darüber, ob ein Paar zusammenbleibt oder sich trennt. Das wird von den Betroffenen dann oft als Einwirken dämonischer Kräfte in das Leben und die Beziehung erlebt. Man kann sagen, daß Animus und Anima, solange sie autonom sind, also der betreffende Mensch noch keinerlei Zugang zu ihnen gefunden hat, mit ihren Wirkungen für den Betroffenen und auch für seine Beziehungen gefährlich und destruktiv sein können, zumindest aber immer wieder mit Störmanövern in die bewußte Lebensführung eingreifen. So wird ein Mann, der sich seiner Anima nicht bewußt ist – man sagt, er sei seiner Anima verfallen –, immer wieder von Launen, nicht zur Situation passenden Stimmun-

gen, von Empfindlichkeiten und Ängsten heimgesucht, denen er sich dann hilflos ausgeliefert fühlt. Frauen, die keinen bewußten Zugang zu ihrem Animus gefunden haben – man sagt, sie seien von ihrem Animus besessen –, werden ständig rechthaberisch ihre Meinungen vertreten, oft in »heiliger« Überzeugung. Dabei scheint ihr Gedankengebäude zunächst in sich ganz logisch zu sein, nur stimmt seine Anwendung auf eine bestimmte Situation überhaupt nicht. Solche Männer oder Frauen projizieren gerne die ungebärdigen inneren Partner auf den Partner in der äußeren Realität und glauben dann, sie seien wirklich mit einer launischen Hexe oder mit einem rechthaberischen Prinzipienreiter verheiratet. Bei einer reinen Projektion solcher Art geraten wir in eine starke Abhängigkeit von unserem realen Partner, wodurch wir unserer innerseelischen gegengeschlechtlichen Entsprechung zeitweilig verlustig gehen.

Nicht in der Projektion, sondern in der »Objektivation« (C. G. Jung) des inneren gegengeschlechtlichen Partners liegt der Ansatz zu einer Lösung des Problems. Sich des Animus beziehungsweise der Anima bewußt werden heißt, sich von ihnen zu unterscheiden. »Durch Gegenüberstellung der Ichpersönlichkeit mit den Figuren des Unbewußten und Auseinandersetzungen mit ihnen werden diese einerseits vom Ich unterschieden und andererseits mit diesem in Beziehung gesetzt, wodurch nach beiden Seiten eine Wirkung entsteht.«[24] Nach C. G. Jung kommt man am besten mit Animus und Anima in Kontakt, indem man lernt, mit ihnen ein Zwiegespräch zu führen, sie gleichsam als eigene Persönlichkeit in sich zu betrachten, mit der man dann in einen echten Dialog treten kann.

Nun sollten wir uns nicht einbilden, die Bewußtwerdung von Animus und Anima stelle eine leicht lösbare Aufgabe dar, die gleichsam über Nacht zu bewältigen sei. Es ist vielmehr die Frucht eines langdauernden Entwicklungsprozesses. Im Märchen ist es auch nicht in einer Nacht zu schaffen. Es sind drei Nächte und Tage mit schmerzlichen und heilsamen Erfahrungen durchzustehen, ein einmaliger Anlauf genügt nicht, wir müssen immer wieder bereit sein, neu anzusetzen.

Es wäre allerdings vermessen, zu glauben, daß Animus und Anima sich jemals voll ins Bewußtsein eines Menschen ziehen ließen. Der Schleier ihrer Unbewußtheit wird nie ganz zurückzuschlagen sein, und das ist auch gut so. Auf diese Weise können nämlich Animus und Anima ihrer Funktion gerecht werden, für uns eine Brücke zum Unbewußten zu bilden. Dann erleben wir sie aber nicht mehr als mit Zauberkraft ausgestattete, dämonische Mächte. Der Animus wird dann nicht mehr als Feind von der Frau erlebt, sondern als hilfreicher Freund, und die Anima tritt für den Mann nicht mehr als Verführerin, sondern als seine vertraute Führerin auf.

»Die Integration dieser beiden Mächte bedeutet harte Arbeit an sich selbst über Jahre hinaus. In diesem Stadium weilt man sozusagen immer noch im Land des Todes, denn man kann das Anima- und Animusproblem nur in einer Periode großer Introversion herausarbeiten. Selbst wenn die beiden in der Form der Übertragung, das heißt in projizierter Form auftreten sollten, kann man sie nur im subjektiven inneren Aspekt angehen. Das ist ein Stadium der Entfernung von der äußeren Realität, in dem man die Vorgänge in der Retorte des eigenen Inneren verschlossen halten und ganz sich selbst reflektieren muß – im buchstäblichen Sinn des Wortes.«[8]

Die Integration von Animus und Anima ist eine Aufgabe, die erst mit der Lebenswende in ihrer ganzen Wucht auf uns zukommt. In der ersten Lebenshälfte hatte man schließlich genug damit zu tun, seine männliche oder weibliche Identität zu finden. Erst wenn diese eine ausreichende Festigkeit erreicht hat, kann man sich auf den inneren gegengeschlechtlichen Partner einlassen. Die eigengeschlechtliche Identität wird dadurch jedoch überhaupt nicht beeinträchtigt, sondern durch die Ergänzung zur Vollständigkeit des Menschen weiter gestärkt, indem sie jetzt gleichsam auf zwei Pfeilern ruht.

So paradox es klingen mag, aber ein Mann wird durch die Erlösung des Weiblichen in sich, durch den bewußtmachenden Kontakt zu seiner Anima erst richtig zum Mann, mag er sich vorher auch noch so sehr mit seiner »harten Männlichkeit« gebrüstet haben und von anderen deswegen bewundert worden sein. In der zweiten Lebenshälfte würde solche Art von Männlichkeit einseitig oder sogar grotesk wirken und nur mühsam gegen die Neigung zum Verblassen aufrechterhalten werden können.

Und eine Frau von Format würde ich jene nennen, die dadurch zu ihrer vollen Weiblichkeit gefunden hat, daß sie den Animus zu ihrer Erlösung gewinnen konnte und dieser sich an ihre Weisung hielt, alle

Leiden standhaft auszuhalten und kein Wort der Klage über die Lippen kommen zu lassen. Eine solche »geläuterte« Männlichkeit wird bei der Frau von innen her durchscheinen und ihrer Weiblichkeit einen neuen Glanz verleihen.

Auf noch einen besonderen Aspekt lenkt das Märchen unsere Aufmerksamkeit. Die eigene Anima des Mannes muß von der »Großen Mutter« befreit werden, der Mann muß sein weibliches Seelenbild von dem lösen, was noch zu sehr mit dem Bild der Mutter verknüpft ist, und zwar nicht nur mit dem Bild der leiblichen Mutter, sondern auch mit den geltenden kollektiven Vorstellungen von der Mutter und Frau überhaupt. Darum muß der Königssohn nicht nur die verzauberte Jungfrau, sondern auch das verwünschte Schloß erlösen, das wir ja auch als einen Hort der »Großen Mutter« betrachtet hatten, der die schwarze Jungfrau noch zu sehr verhaftet war. Die Auseinandersetzung mit der »Großen Mutter«, oder sagen wir besser mit ihren destruktiven Animusaspekten, ist eine leidvolle Erfahrung und stellt die Kräfte des Königssohns auf eine schwere Probe. Er muß das Äußerste ertragen. Die Teufel stellen dabei die destruktiven Animusaspekte dar (der Animus tritt in Träumen und Märchen in der Mehrzahl auf, die Anima in der Einzahl), die natürlich auch in der Jungfrau infolge ihrer noch bestehenden Abhängigkeitsbindung an die Mutter wirksam sind. Diese wilden und boshaften männlichen Anteile der weiblichen Seele können nur durch eine noch stärkere Männlichkeit gebändigt werden. In dieser Kraftprobe wird sich der Königssohn seiner männlichen Stärke erst recht bewußt. Er lernt, bis an seine äußersten Grenzen zu gehen, muß aber auch erkennen, daß es keinen Sinn hat, sich mit einem destruktiv wirkenden, nur auf seinem Recht bestehenden Animus in einen Kampf einzulassen. Dieses Ungeheuer wird nicht im offenen Schlagabtausch zur Strecke gebracht – wenn man diesem Drachen einen Kopf abschlägt, wachsen zwei neue nach –, sondern hier kommt es einfach darauf an, wer den längeren Atem, die größere Ausdauer hat. Konkret heißt das auch, daß eine Frau, die von ihrem Animus besessen ist, sich niemals von logischen Argumenten überzeugen lassen wird, weshalb es absolut sinnlos wäre, mit ihrem Animus die geistigen Klingen zu kreuzen. Es kommt vielmehr darauf an, daß der Mann im Vertrauen auf seine letztlich doch stärkere Männlichkeit, die er aber nicht hervorkehren muß, das Herumagieren und Argumentieren eines wildgewordenen Animus gelassen erträgt, bis dieser mit dem Ende der Geisterstunde seine Macht verliert. Das heißt aber auch, daß der Mann erkennen muß, wenn destruktive Animusaspekte der »Großen Mutter« gleichsam durch seine Partnerin hindurch wirken. Er sollte dann die Gabe der Unterscheidung haben und sehen, daß diese destruktiven Elemente nicht zur Ichpersönlichkeit der Frau gehören und die Destruktivität nicht einer bewußten Boshaftigkeit entspringt. Mit einer solchen Einstellung hilft der Mann der Frau ungemein in ihrer eigenen Auseinandersetzung mit dem Animus, sie muß dann nicht an zwei Fronten gleichzeitig kämpfen.

Auch auf die Frage, wie denn die Frau dem

Manne in seinen Schwierigkeiten in der Auseinandersetzung mit der Anima helfen könne, gibt unser Märchen einen wichtigen Hinweis. Die Königstochter erlebt den Königssohn an jedem Morgen zunächst einmal im Zustand seiner Ohnmacht. Das kann für einen Mann sehr peinlich sein, vor allem wenn er mit den Maßstäben eines von einem Ideal-Vater geprägten Animus gemessen wird. Sie aber akzeptiert seine Ohnmacht und heilt ihn mit dem Wasser des Lebens, über das sie verfügt, wie sie auch mit dem im Wasser dargestellten Gefühl sehr viel direkter umgehen kann als er. Beim Mann läuft das Erleben primär über den Kopf, dem Gefühl gegenüber verhält er sich oft ungeschickt und hilflos. Sein Verfallensein an die Anima, besonders wenn noch eine starke Mutterbindung besteht, geht mit einer Lähmung seines Gefühls einher. Eine Frau kann ihn aus solcher Einseitigkeit befreien, indem sie mit ihrem Gefühl eine Brücke baut, über die er dann mit seinem eigenen Gefühl auf sie zugehen kann.

Viele Frauen haben damit aber anscheinend Schwierigkeiten. In meiner psychotherapeutischen Praxis höre ich von Frauen immer wieder die Klage: »Wenn mein Partner das nicht selber fühlt, wenn ich es ihm auch noch sagen muß, dann vergeht mir schon die Lust.« Es kommt aber darauf an, daß die Frau ihr Gefühl dem Manne gegenüber zum Ausdruck bringt. Das kann mit Worten oder Gebärden, aber auch auf vielfältige andere Weise geschehen. Eine Frau, die in dieser Weise mit ihrem Gefühl umgehen lernt, wird oft überrascht werden von gefühlsmäßigen Antworten, die ihr dann vom Mann entgegenkommen. Mit einer solchen Einstellung und der Kraft ihrer natürlichen Weiblichkeit hilft sie nicht nur ihrem Partner in der äußeren Realität, sondern sie erlöst damit zugleich auch ihren Animus. Wir sagten ja bereits, daß der Königssohn sowohl einen realen Partner als auch den Animus der Jungfrau darstellt, der bisher in der weiten Welt umherschweifte und daher noch keine Verbindung zu ihr hatte. Wir sehen an diesen Beispielen immer wieder, wie eng das Erleben von Animus und Anima in uns verquickt ist mit unseren Erfahrungen in der Begegnung mit Partnern in der äußeren Realität.

Drei Nächte im verzauberten Schloß

Mit dem Tod vertraut werden

»Der Teufelsspuk kam wieder: ›Bist du noch da?‹ schrien sie, ›du sollst gepeinigt werden, daß dir der Atem stehenbleibt.‹ Sie stachen und schlugen ihn, warfen ihn hin und her und zogen ihn an Armen und Beinen, als wollten sie ihn zerreißen; aber er duldete alles und gab keinen Laut von sich. Endlich verschwanden die Teufel, aber er lag da ohnmächtig und regte sich nicht: er konnte auch nicht die Augen aufheben, um die Jungfrau zu sehen, die hereinkam und ihn mit dem Wasser des Lebens benetzte und begoß.«

Die Schilderung der schmerzlichen Erfahrungen des Königssohns im Saal des Schlosses lenken unsere Aufmerksamkeit auf einen weiteren wesentlichen Aspekt der Krise der Lebenswende. Unübersehbar tritt der Tod ins Blickfeld und fordert uns zu einer Auseinandersetzung mit sich heraus. Die schwarze Jungfrau hatte zwar gesagt: »Das Leben dürfen sie dir nicht nehmen«, aber woher hätte denn der Königssohn die Gewißheit nehmen sollen, daß dies auch wirklich stimmt? Die ganze Situation in den Qualnächten ist eher dazu angetan, das Schlimmste zu befürchten. Die Teufel sprechen es auch ganz direkt aus: »Du sollst gepeinigt werden, daß dir der Atem stehenbleibt.« Das ist eine massive Todesdrohung. Auch ist das subjektive Erleben des Königssohns in der dritten Nacht nicht von der realen Todeserfahrung zu unterscheiden, da er am Ende ohnmächtig daliegt und sich nicht mehr regt. Wenn die Anima als Urbild des Lebens angesehen werden kann, so muß auf der anderen Seite kompensatorisch auch der Tod ins Spiel kommen. Denn Leben und Tod gehören zusammen wie Tag und Nacht. Im selben Maße, wie die Anima in Gestalt der Jungfrau am Tage mit dem Wasser des Lebens ihre heilsame Wirkung ausübt, fällt der Schatten des Todes auf das Geschehen in der Nacht.

In einem Lied aus dem zehnten Jahrhundert heißt es: »Mitten in dem Leben sind wir vom Tod umfangen.« Für die Menschen im Mittelalter war der Tod eine Realität, mit der man schon in seinem Leben wesentlich hautnaher konfrontiert wurde als heute. Rilke drückt diese Gegenwärtigkeit des Todes in unserem Leben sehr treffend aus:

»Der Tod ist groß.
Wir sind die Seinen
lachenden Munds.
Wenn wir uns mitten im Leben meinen,
wagt er zu weinen
mitten in uns.«[25]

Zur Zeit der Lebenswende tritt der Tod auch dadurch häufiger ins Gesichtsfeld, daß wir erfahren müssen, daß Gleichaltrige oder sogar Freunde und Bekannte sterben, vielleicht ganz plötzlich und unerwartet an einem Herzinfarkt oder in hilfloser Ohnmacht gegenüber dem unaufhaltsamen Vordringen der Krebszellen.

Doch die Todesproblematik ist in diesem Lebensalter auch schon in einem ganz neuen Verhältnis zur Zeit enthalten. Glaubte man in jungen Jahren, ein schier unbeschränktes Quantum an Zeit noch vor sich zu haben, so erlebt man jetzt plötzlich die Begrenztheit der Lebenszeit, überschaut bereits den sogenannten Rest des Lebens. Wir ahnen, daß der Tod nicht eine von außen her kommende, uns hinwegraffende Schicksalsmacht ist, die unserem Leben ein willkürlich festgelegtes Ende setzt, sondern daß er wie eine Frucht in uns und mit uns wächst und reift, und wenn diese Frucht ganz reif ist, dann ist die Zeit der Ernte und Erfüllung gekommen. Der Tod wird also nicht als Ende des Lebens gesehen, sondern als sein Ziel. »Wie die Flugbahn des Geschosses im Ziel, so endet das Leben im Tod, der mithin das Ziel des ganzen Lebens ist. Selbst dessen Aufstieg und sein Höhepunkt sind nur Stufen und Mittel zum Zwecke, das Ziel, nämlich den Tod, zu erreichen.«[26] Wenn ich eine solche selbstverständliche Einstellung zum Tode habe, kann mich der Gedanke an ihn nicht mehr schrecken, ja ich kann ihn sogar als wahren Freund schätzen lernen, der mich ständig begleitet und dessen Umarmung an meinem Lebensende ich in gelassener und erwartungsvoller Heiterkeit geschehen lassen kann.

Ich möchte noch einmal Rilke zu Wort kommen lassen mit Gedanken aus seinem Stundenbuch, die mich schon als Schüler tief berührt haben:

»Dort ist der Tod. Nicht jener, dessen Grüße
sie in der Kindheit wundersam gestreift, –
der kleine Tod, wie man ihn dort begreift;
ihr eigener hängt grün und ohne Süße
wie eine Frucht in ihnen, die nicht reift.

O Herr, gib jedem seinen eignen Tod.
Das Sterben, das aus jenem Leben geht,
darin er Liebe hatte, Sinn und Not.

Denn wir sind nur die Schale und das Blatt.
Der große Tod, den jeder in sich hat,
das ist die Frucht, um die sich alles dreht.«[2]

Wenn ich so den Tod als einen ganz selbstverständlich zu meinem Leben gehörigen Anteil sehen kann, wird er mir nicht mehr fremd und gefährlich erscheinen, sondern ich werde mit ihm immer vertrauter, erlebe mich mit ihm eng verbunden. Ich werde dann vielleicht ähnlich wie der Königssohn eine Reihe von Vorerfahrungen mit dem Tode machen, kann mich einüben ins Sterben, damit ich schließlich meinen »eigenen« Tod erleben kann, wie Rilke sagt, und nicht irgendeinen Tod von der Stange. Solche Vorerfahrungen des Todes und Möglichkeiten zum Einüben des Sterbens bietet das Leben uns immer wieder. »Partir, c'est mourir un peu«, sagt ein französisches Sprichwort. Jeder Abschied ist ein bißchen sterben. So muß der Königssohn auch die Situation erlebt haben, wenn die Jungfrau am Morgen wieder wegging und er den Qualen der nächsten Nacht entgegenharrte.

Der Tod wird auch erlebbar in der Endlichkeit

der Liebe. Das Ende einer intensiven Liebesbeziehung ist oft verbunden mit dem Gefühl, ein Weiterleben habe jetzt eigentlich keinen Sinn mehr, wir spüren die Lebenskraft nicht mehr in unseren Adern, der Tod erscheint uns als die der Situation gemäße Lösung. Trennung und Tod gehören zusammen. Der Tod ist die äußerste Erfahrung von Trennung. So ist Trennung als zur Ganzheit gehörender Gegenpol schon immer in der Liebe enthalten, sie wächst und reift mit der Liebe und macht sie um so kostbarer, so wie auch das Leben durch den in ihm enthaltenen Tod an Kostbarkeit gewinnt. Und wie ein Mensch erst dann sich ganz dem Leben hingeben kann, wenn er den Tod akzeptiert und in sein Leben hineingenommen hat – »wer sein Leben gewinnen will, der wird es verlieren, und wer es verliert, der wird es gewinnen«, heißt es in der Bibel –, so wird sich auch meiner Liebe eine tiefere Dimension eröffnen, wenn ich die in ihr enthaltene Trennung annehme. Die innerlich vollzogene Loslösung läßt dann oft die Trennung in der äußeren Realität nicht mehr notwendig erscheinen.

Ähnlich ergeht es uns auch mit dem Tod. Wir werden in unserem Leben immer wieder Phasen durchmachen, in denen die Wirklichkeit des Todes uns streift, die Todesthematik so stark in unser Leben hineinreicht, daß ein dunkles Ahnen uns erschauern läßt. Das kann sich dann auch in Träumen oder bedeutungsvollen Erlebnissen äußern.

Vor Jahren tauchte das Thema Tod innerhalb kurzer Zeit mehrmals in meinen Träumen auf. Einmal kam ein Kurier in einen Raum, in dem ich mit anderen zur Besprechung an einem Tisch saß. Der Kurier sagte: »Es geht darum, etwas auszufüllen. Vielleicht sind wir in acht Wochen schon tot.« Wenige Tage später hatten wir abends Besuch, und ich hatte gerade eine Schallplatte aufgelegt. Aus Versehen drückte ich aber nicht auf den Knopf für den Plattenspieler, sondern auf den fürs Radio. Beim Drücken bemerkte ich schon den Irrtum und drückte schnell auf den richtigen Knopf. Während der wenigen Sekunden zwischen dem Drücken beider Knöpfe ertönten aus dem Radio die Worte: »Sie werden sterben.« (Es waren genau nur diese Worte, sie stammten aus einem Hörspiel.) Ich nahm diese Mitteilungen sehr ernst, ohne sie zu dramatisieren, und stellte mich ganz auf einen möglichen Tod ein, versuchte, mit dem Tod in Einklang zu kommen. Dabei schien es mir aber am sinnvollsten zu sein, das alltägliche Leben ganz einfach weiterlaufen zu lassen. Wenn die Todesthematik in unser Leben einbricht, geht es einfach oft um erste Vorerfahrungen mit dem Sterben. So wird unser Leben ein Sterben von Tod zu Tod, wobei wir von Mal zu Mal mit dem Tod vertrauter werden.

Sterben verstehe ich in diesem Zusammenhang nicht als biologischen Abbauprozeß, sondern als einen inneren Vorgang, als ein Umdenken und Umfühlen, eine Wandlung in der Einstellung zum Leben, zur Welt und zu den Menschen.

Memento mori – gedenke des Todes, diese Mahnung fand man früher oft an Sonnenuhren. In jungen Jahren fand ich solche Erinnerungen an den Tod ziemlich überflüssig. Warum sollte man ständig vor ihm zittern? Er würde eines Tages schon kommen, wenn es soweit ist. Erst nach der Lebenswende erlebe ich immer wieder aufs neue, daß angesichts der Wirklichkeit des Todes meine Zukunftspläne auf das rechte Maß eingestellt werden. Ich bin nicht das Maß aller Dinge, aber wenn ich den mir gemäßen Platz in der Welt finde, dann bin ich mit mir und den Dingen und den Menschen und dem Kosmos in Einklang.

Das mag vielleicht theoretisch oder gar überschwenglich und bekennerhaft klingen. Wer aber einmal selbst erlebt hat, wie sehr die Vorstellung vom Tod als unserem Gefährten auf dem Lebensweg es uns immer wieder ermöglicht, uns aus den allzu vielen Verstrickungen in die so wichtigen Geschäfte dieser Welt, aus dem Clinch mit erdrückenden Verpflichtungen und konventionellen Zwängen zu lösen, der wird vielleicht auch fühlen, wie eine große innere Ruhe in ihn einkehrt, und erleben, wie die Distanzierung von den Reizen und Ärgernissen dieser Welt seinen Blick wieder hinlenkt auf das Wesentliche, ihm vor allem aber die Fähigkeit wiederschenkt, zwischen Wesentlichem und Unwesentlichem zu unterscheiden. Es herrscht dann das Gefühl vor, daß nichts Schlimmes ihn überraschen kann, wenn er selbst den Tod nicht mehr fürchtet. Es ist gut, sich ruhig auch einmal vorzustellen, wie die Welt und die Menschen ohne einen selbst weiterleben, wie der Gang der Dinge ohne einen selbst weiterlaufen würde. Wie unwichtig sind wir doch im Weltenlauf, und wie wichtig und kostbar ist unser ganz individuelles Dasein im Lichte solcher Nichtigkeit!

Solches Sterben von Tod zu Tod hat seinen Sinn auch durch die damit immer verbundene Wiedergeburt. Dies meint Goethe mit dem ewigen Stirb und Werde. Der alte Adam muß sterben, damit der neue Christus auferstehen kann. Das Neue kann sich oftmals erst entfalten, wenn das Alte aufgehört hat zu leben und den zukunftsträchtigen Entwicklungsmöglichkeiten nicht mehr im Wege steht.

Der Umgang mit dem Tod hat immer auch einen anderen Umgang mit der Zeit zur Folge. So wie die Grenzen des Raumes zur Unendlichkeit hin können wir auch die Grenze zwischen unserer Zeit und der Zeitlosigkeit nur ahnen. Doch kann die Zeit für uns eine andere Qualität bekommen. Wir werden unser Leben nicht mehr nach Minuten, Stunden und Tagen berechnen und planen, sondern jeden Augenblick als geschenkte Zeit erleben. Eigentlich können wir dann nie mehr sagen: »Ich habe zu wenig Zeit.«

Wenn ich am Anfang gesagt habe, mit vierzig fängt ein neues Leben an, so gehört die Wirklichkeit des Todes und das Wissen darum ganz wesentlich zu diesem neuen Leben dazu. »Das psychische Leben will nicht nur Entwicklung und Entfaltung, sondern auch Abstieg und Tod, denn das ist das menschliche Schicksal. Die Psyche weiß darum und strebt ihm zu, auch wenn das Bewußtsein es nicht weiß oder nicht wissen will. Die psychische Gesetzmäßigkeit sieht den Tod als das Ziel der zweiten Lebenshälfte und besitzt auch dafür ihre urtümlichen Bilder, die den Menschen auf diesem Weg begleiten und ihm Richtung und Sinn geben. Es ist darum wesentlich, daß der Mensch sich mit dem Problem des Todes bewußt auseinandersetze.«[11]

Erst wer den Tod bewußt angenommen hat und jederzeit bereit ist, gemeinsam mit ihm die Schwelle zu seinem Reich zu überschreiten, der kann jeden neuen Tag als geschenktes Leben genießen und wird schließlich an jenen Punkt kommen, an dem er das Gefühl, ja eine innere Gewißheit hat, daß das Leben ihm eigentlich nichts mehr vorenthalten hat und daß er jetzt jederzeit getrost Abschied nehmen kann, und zwar ohne Angst, etwas Wesentliches verpaßt zu haben. Voraussetzung für eine solche Einstellung dem Leben und dem Tod gegenüber ist natürlich auch, daß man in der ersten Lebenshälfte dem vollen Leben nicht ständig ausgewichen ist, sonst kann es notwendig sein, das ausgesparte Erleben im Sinne einer Nachreifung nachzuholen.

»Und wenn sie nicht gestorben sind, so leben sie noch heute«, so enden viele Märchen. Sie wollen damit auf die Wirklichkeit des Todes hinweisen – wir wissen ja nur zu gut, daß die Märchenhelden nicht mehr unter den Lebenden weilen – und zugleich das in den Märchen geschilderte lebensvolle Geschehen in den Wechsel von Leben und Tod, von Zeit und Zeitlosigkeit einordnen. Die Märchen sagen damit auch, daß hier nicht ein ganz spezielles Menschenschicksal geschildert wurde, sondern daß sich solche Erfahrungen und Erlebnisse noch oft wiederholen und sich auch in unserer heutigen Zeit nach dem gleichen Grundmuster abspielen, also auch uns selbst geschehen können.

Der Wink Gottes

SELBSTWERDUNG ALS LEBENSAUFGABE

»Das treue Tier zog seinen Herrn wieder von dem Abgrund zurück und leitete ihn zu einem Baum, an dem ein klarer Bach floß. Der Königssohn setzte sich da nieder, der Löwe aber legte sich und spritzte mit seiner Tatze ihm das Wasser ins Antlitz. Kaum hatten ein paar Tröpfchen die Augenhöhlen benetzt, so konnte er wieder etwas sehen und bemerkte ein Vöglein, das flog ganz nah vorbei, stieß sich aber an einem Baumstamm: hierauf ließ es sich in das Wasser herab und badete sich darin, dann flog es auf, strich, ohne anzustoßen, zwischen den Bäumen hin, als hätte es sein Gesicht wieder bekommen. Da erkannte der Königssohn den Wink Gottes, neigte sich herab zu dem Wasser und wusch und badete sich darin das Gesicht. Und als er sich aufrichtete, hatte er seine Augen wieder so hell und rein, wie sie nie gewesen waren.«

Meine Behauptung, mit vierzig fängt das Leben an, könnte mißverstanden werden und den Eindruck provozieren, mit vierzig fange zumindest das eigentliche Leben an und die zweite Lebenshälfte sei gegenüber der ersten höher zu bewerten. Ist denn der

Herbst deshalb wertvoller als die anderen Jahreszeiten, weil er die Zeit der Reife und Ernte ist? Die sich in der reifen Frucht darstellende Vollendung ist gar nicht denkbar ohne die Blüten des Frühlings mit seinen aus der Befruchtung sich ergebenden Wachstumsimpulsen und ohne die durch Sonne und Regen geförderten Entwicklungsprozesse des Sommers.

So ist auch die Selbstwerdung nicht als Lebensziel im Sinne des Endergebnisses aller Bemühungen eines kämpfenden und leidenden Menschen zu betrachten, sondern als ein dynamischer, sehr oft in dialektischen Sprüngen sich vollziehender Entwicklungsvorgang, dessen Steuerung und Kontrolle nicht vom Ich als Zentrum der bewußten Persönlichkeit allein geleistet werden kann. Das Selbst als Zentrum der gesamten Persönlichkeit, der bewußten und unbewußten Anteile, ist das Steuernde und Anzusteuernde zugleich.

Ich möchte versuchen, anhand unseres Märchens wenigstens annähernd klarwerden zu lassen, wie sich das Selbst, das von Anfang an schon keimhaft vorhanden ist, entfaltet und zunehmend alle unsere Lebensbereiche durchdringt, wie wir sein Wesen und seine Wirksamkeit immer bewußter erfahren können, wie es uns zur Verwirklichung unserer Ganzheit anleitet, sich seine letzten Geheimnisse aber niemals entreißen läßt, und wir uns trotzdem voll Vertrauen seiner Führung überlassen können.

Schon der Impuls, das Elternhaus zu verlassen, ging vom Selbst des Königssohnes aus. Denn Selbstwerdung kann sich nicht in der Geborgenheit des Elternhauses ereignen, sondern nur, wenn ich lerne, auf eigenen Füßen zu stehen – selbst wenn ich anfangs dabei öfter einmal auf die Nase falle. Erst in der gewonnenen Distanz vom Elternhaus ist dann eine intensivere Auseinandersetzung mit den Eltern und vor allem mit den Elternbildern in mir möglich. Wir sahen, wie der Königssohn sich mit dem Schatten des Vaters einließ, wie er zunächst gleichsam auf diesen hereinfiel, sich von ihm einwickeln und einspannen ließ. Der alte König ist die weltliche Repräsentanz des Selbst auf der Ebene des kollektiven Bewußtseins, der Hüter der Tradition. Wenn nun der Riese der Schatten des Königs ist, so bleibt der Königssohn zunächst noch im traditionellen System verhaftet, er folgt noch den alten Prinzipien – ohne sich dessen wirklich bewußt zu sein – und wird schließlich deren Opfer, da er seine eigenen Kräfte überschätzt und ihm noch der rechte Instinkt für die Realität fehlt.

Die schicksalsmäßigen Umwege, zu denen er sich im Auftrag des Vaterschattens verleiten läßt, führen zwangsläufig in die unerbittliche Auseinandersetzung mit dem Riesen und damit zur Katastrophe in der Krise der Lebenswende, andererseits bringen ihn gerade diese Umwege zum erstenmal in Kontakt mit Aspekten seines Selbst und seiner Anima. Dabei erlebt er, wie der Ring, in dessen Besitz er ganz unversehens und ohne bewußte Absicht, eigentlich so ganz nebenbei, kommt, ihm eine bisher nicht gekannte Kraft verleiht. Intuitiv gibt der Königssohn dem Riesen nur den Apfel, aber nicht den Ring, denn in der Sprache der Symbole steht der Ring für sein Selbst.

Vor allem aber kommt der Königssohn auf seinem

Umweg in Kontakt mit dem Löwen, der dann sein treuer Begleiter wird. Der Löwe stellt einen animalischen, instinkthaften Selbstaspekt dar. Er wird in der Astrologie der Sonne zugeordnet und verkörpert als König der Tiere die geistige Dominanz auf der Instinktebene. Er bringt Erleuchtung und Schutz. Selbst der Riese ist ihm unterlegen.

Schon hier wie auch im folgenden wird deutlich, daß der Weg der Selbstwerdung – von C. G. Jung auch Individuation oder Individuationsprozeß genannt – keine linear aufwärts strebende Tendenz hat, sondern sich in dialektischen Sprüngen vollzieht. Auf gelungene Fortschritte folgen ziemlich unvermittelt unheilvoll erscheinende Entwicklungen und umgekehrt, so als seien wir in die Kämpfe von Dämonen aus zwei feindlichen Lagern verwickelt.

Wie soll sich ein Mensch in einem solchen anscheinend willkürlichen Hin und Her noch zurechtfinden? Bei zunehmender Erweiterung des Bewußtseins in Richtung auf das Unbewußte läßt sich tatsächlich oft erst im Rückblick so etwas wie ein roter Faden erkennen, an dem entlang sich eine zielstrebige, vom Selbst gesteuerte Entwicklung vollzogen hat.

Wir staunen ja auch immer wieder darüber, wie sich zum Beispiel aus einer Eichel ein Eichbaum entwickelt, oftmals vielen widrigen Umwelteinflüssen zum Trotz. In der Eichel ist der Eichbaum schon in seiner potentiellen Ganzheit enthalten, und ein zielgerichtetes inneres Prinzip lenkt das Wachstum des Eichbaums seinem Wesen entsprechend.

Wenn schon im biologischen Bereich Entwicklung und Wachstum von zielgerichteten Kräften getragen werden, wie sollten wir dann im psychischen Bereich nicht auch erwarten können, daß sich aus einem inneren Kern, der dem Selbst in seiner keimhaften Anlage entspricht, in einem zielgerichteten Prozeß der Selbstwerdung die Persönlichkeit entfaltet? Das geschieht meist am ungestörtesten, wenn wir nicht immer wieder versuchen, mit allzu bewußter Absicht und oft gutgemeinten Aktionen in diese natürlichen Vorgänge einzugreifen.

Der Baum ist eines der oft dargestellten Symbole des Selbst. Erinnern wir uns daran, daß auch in unserem Märchen drei Bäume vorkommen: der Baum des Lebens im fernen Garten, an dem der Königssohn noch ganz naiv und ohne Wissen um die Zusammenhänge mit der Kraft und Zielgerichtetheit des Selbst in Berührung kommt; dann der Eichbaum, hinter dem der Riese als falsches Selbst dem Königssohn auflauert, um ihm die Augen auszustechen – auch das trotz aller damit verbundenen Leiderfahrung ein Ereignis, das einen Schritt nach innen und nach vorne auf dem Weg zur Selbstwerdung ermöglicht –; und schließlich der Baum am Bach, an dem der Königssohn das Walten einer übergeordneten Macht als Wink Gottes erkennt.

Machen wir einen Sprung zurück zum Löwen. Wenn wir die Gestalten und Örtlichkeiten des Märchens (zum Beispiel den fernen Garten oder das verwünschte Schloß) auf einer bestimmten Ebene auch als Wirklichkeiten auf der innerseelischen Bühne des Königssohns zu betrachten versuchen, so wird klar, daß der Löwe schon immer da war. Aber er gehörte in das weite Reich des kollektiven Unbewußten, dem weiblichen Machtbereich zugehörig, noch schlafend, bis der Königssohn die ersten, schon etwas bewußteren und das Bewußtsein erweiternden Schritte auf dem Weg der Selbstwerdung tat. Dann wird er wach und übernimmt die Führung.

Der sich im Löwen verkörpernde Selbstaspekt des Königssohns ist gerade rechtzeitig aufgewacht und aktiv geworden, bevor der Königssohn die bisher schwerste Krise seines Lebens zu bestehen hat, in der seine eigenen bewußtseinsorientierten Kräfte zur Bewältigung nicht ausgereicht hätten. Der Königssohn wäre ohne die Hilfe des Löwen jämmerlich untergegangen. So aber kann er durch den Beistand dieser Seite seines Selbst nicht nur alle Gefahren – wenn auch schwer angeschlagen – lebendig überstehen, sondern geht aus den Auseinandersetzungen mit dem Schatten mit gestärktem Ich und einer Erweiterung des Bewußtseins hervor.

Auffällig ist, daß im Märchen zunächst keine Rede von einer unmittelbaren Kommunikation zwischen Königssohn und Löwe ist. Sie wird erst möglich, nachdem der Königssohn am eigenen Leibe erfahren hat, daß der Löwe auch in den schwierigsten Situationen die Übersicht behält und ihm durch sein tatkräftiges Eingreifen auch aus der aussichtslosesten Lage heraushilft. Am Anfang seines Weges in die zweite Lebenshälfte heißt es dann, daß »sein« treuer Löwe ihn führt, und dieser geleitet ihn dann an jenen Baum am Bach, an dem der Königssohn den Wink Gottes erkennt und durch das heilende Wasser seine Sehkraft wiedererlangt. Die steuernde Funktion des im Löwen dargestellten instinkthaften Selbstaspektes hat eine starke zielgerichtete Tendenz, die den Plänen und Absichten des bewußten Ich unendlich überlegen ist. Dieser zielgerichteten Steuerung, die ihn dann auch zur Begegnung mit dem Weiblichen führt, überläßt sich der Königssohn voll Vertrauen und ist dadurch auch offen für die »Winke Gottes«.

Stellt der Löwe hier im Märchen auch primär einen instinkthaften Aspekt des Selbst dar, so wird er andernorts zum Beispiel als »Löwe von Juda« mit Christus verglichen und ist wie dieser ein Mittler zwischen Gott und Mensch, was für uns heißen könnte: zwischen Selbst und Ich, dabei aber selber dem Selbst zugehörig. Wenn ich hier von Gott spreche, so will ich ihn nicht in menschliche Maßstäbe zwingen und bilde mir auch nicht ein, ihn definieren und ganz erfassen zu können. Aber ich stelle ihn mir auch nicht vor als eine irgendwo über oder außerhalb der Welt thronende Macht oder ein nur in kirchlichen Dogmen sich widerspiegelndes Wesen, sondern als eine Macht, die aus der Unendlichkeit des kollektiven Unbewußten, an der jeder Mensch Anteil hat, heraus wirkt. Diese Kraft wirkt in uns, oder sagen wir besser: unser Ich ist in ihr enthalten und ihrer Einwirkung ständig ausgesetzt, gleichgültig, ob wir das erkennen und anerkennen oder nicht.

Es liegt mir also fern, das Wesen Gottes mit meiner menschlichen Beschränktheit voll erfassen und beschreiben zu wollen. Wir sollen und können uns kein »Bild« von ihm machen. Aber wir können doch versuchen, unsere Beziehung zu ihm und sein Wirken in uns ein wenig verständlicher und anschaulicher werden zu lassen. Nicht Gott ist in uns enthalten, sondern wir sind mit unserem Selbst in Gott enthalten. Wenn wir also das Selbst als das Göttliche in uns ansehen, so wird Gott dadurch nicht kleiner oder ärmer. Er ist und bleibt unendlich, und wir reichen mit unserem Selbst in diese Unendlichkeit hinein.

So ist es eigentlich auch nicht verwunderlich, daß im Märchen mit zunehmender Selbstwerdung des Königssohns immer wieder von Gott die Rede ist: Der Königssohn erkannte »den Wink Gottes«, wird also offen für die von seinem Selbst kommenden Impulse. Als der Königssohn dann sein Augenlicht wiedergewonnen hat und damit zugleich eine bis dahin nicht gekannte Sichtweise, heißt es: »Der Königssohn dankte Gott für die große Gnade.« Das will doch wohl sagen, daß der Königssohn das Walten einer Macht erkennt und anerkennt, die weit über das bewußte Ich hinausreicht und deren zielgerichtetes Wirken von ihm weder in seine Pläne eingespannt noch kontrolliert werden kann. Bei der Begegnung mit der schwarzen Jungfrau antwortet der Königssohn auf deren Frage, ob er sie erlösen könne: »Ich fürchte mich nicht, ich will's mit Gottes Hilfe versuchen.« In diesen Worten klingt nicht mehr die selbstherrliche Omnipotenzphantasie »Ich kann alles, wozu ich Lust habe« vom Anfang des Weges mit, sondern hier spricht ein Mensch, der die hilfreiche »göttliche« Macht seines Selbst erfahren hat und jetzt auf sie vertraut.

Die Beziehung zwischen dem Ich und dem Selbst läßt sich annäherungsweise im Bilde einer Parabel anschaulich machen. (Einen ersten Hinweis auf eine solche Betrachtungsweise verdanke ich meinem Kollegen Hugo Trappe, mit dem ich als Student vor mehr als dreißig Jahren in Münster ein für mich sehr bedeutsames Gespräch hatte, das meinen Weg zur Psychotherapie entscheidend beeinflußte.)

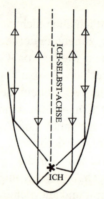

Eine Parabel im Sinne einer mathematischen Funktion ist dadurch gekennzeichnet, daß sie einen endlichen und einen unendlichen Brennpunkt hat. Wenn wir den endlichen Brennpunkt mit dem Ich als Zentrum der bewußten Persönlichkeit gleichsetzen, so wäre der unendliche Brennpunkt mit dem Selbst als Zentrum der ganzen Persönlichkeit mit ihren bewußten und unbewußten Anteilen identisch.

Nun besagt eine Regel, daß Brennstrahlen aus dem einen Brennpunkt von der Parabel in den anderen Brennpunkt reflektiert werden. Die Brennstrahlen aus dem endlichen Brennpunkt werden durch die Reflexion an der Parabel zu Parallelstrahlen, die sich im unendlichen Brennpunkt schneiden. Umgekehrt fallen die aus dem unendlichen Brennpunkt kommenden Parallelstrahlen durch die Reflexion an der Parabel in den endlichen Brennpunkt.

Vergleichen wir nun den Menschen mit einer Parabel, so gilt, daß die Strahlen, die vom Ich als endlichem Brennpunkt ausgehen, in das Selbst als unendlichem Brennpunkt reflektiert werden, vorausgesetzt, der Mensch wird sich seiner »Parabelfunktion« bewußt und bringt durch die richtige Einstellung der Parabel Ich und Selbst miteinander in Einklang, dergestalt, daß die Strahlen, die vom einen ausgehen, sich im anderen treffen. Hier hat sich dann, um mit Erich Neumann zu sprechen, die »Ich-Selbst-Achse« konstelliert als Verbindung zwischen Ich und Selbst. Natürlich kann man diesen Einklang von Ich und Selbst auch verfehlen, wenn man nämlich die Parabel sich um den endlichen Brennpunkt drehen läßt, als gäbe es den unendlichen Brennpunkt, das Selbst, überhaupt nicht. Die Folge wäre eine stark egozentrische Einstellung mit fehlender Verbindung zum Unbewußten.

Das Bild einer Ellipse läßt sich als Ausdruck für die Beziehung zwischen dem Ich eines Menschen zu dem seines Partners betrachten. Für die Ellipse mit ihren zwei endlichen Brennpunkten gilt auch die Regel, daß Brennstrahlen von einem Brennpunkt in den anderen reflektiert werden.

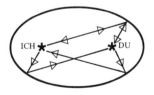

Nehme ich nun den einen Brennpunkt als Bild für mein eigenes Ich und den anderen Brennpunkt als Bild für das Ich meines Partners, so wird deutlich, daß die optimale Beziehung zwischen zwei Partnern mit der starken Bezogenheit des einen auf den anderen nur bestehen kann, wenn die beiden Brennpunkte der Ellipse die notwendige Nähe zueinander und die erforderliche Distanz voneinander haben. Jede Tendenz einer zu starken Verschmelzung wie auch jeder Versuch einer von Bindungsangst bestimmten Distanzierung führt zu einer Störung des Gleichgewichts.

Verbinden wir die Bilder der Parabeln als Ausdruck der beiden Partner mit dem Bild der Ellipse als Ausdruck ihrer Beziehung zueinander, so treten hier vier Brennpunkte miteinander in Beziehung, es konstelliert sich eine die Ganzheit darstellende Vierheit: zwei endliche, dem Ich der beiden Partner entsprechende Brennpunkte und zwei unendliche, dem Selbst der beiden Partner zugeordnete Brennpunkte.

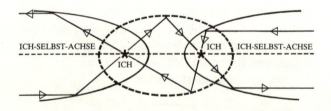

Absichtlich ist die Ellipse hier gestrichelt gezeichnet, um anzudeuten, daß die Beziehung vom bewußten eigenen Ich zum bewußten Ich des Partners sich nicht in einem geschlossenen System abspielt, denn das hieße, daß das Selbst bei beiden Partnern ausgeblendet ist und ihre Beziehung sich in einem nur endlichen, rationalen Rahmen abspielte. In Wirklichkeit wird jedoch die Beziehung der beiden Beteiligten von deren Selbst gesteuert, auch wenn das Ich es vielleicht manchmal anders erlebt und glaubt, das ganze Geschehen unter bewußter Kontrolle halten zu können. Wenn ich mit mir in Einklang bin, das heißt, daß mein Ich und mein Selbst aufeinander bezogen sind, wächst mir eine große Kraft aus dem Unbewußten, vom Selbst her zu. Wenn dann bei zwei Partnern die »Ich-Selbst-Achsen« in einer Ebene liegen, so erleben beide ein beglückendes Aufeinanderbezogensein. Ich bin dann mit mir selbst und dem anderen in Einklang.

Dabei wird vielleicht auch klar, daß Individuation nicht gleichgesetzt werden darf mit einem selbstgenügsamen Individualismus, sondern daß das Selbst einen sozialen Aspekt hat, durch den es auf den Mitmenschen und die Umwelt bezogen ist. Der Königssohn hebt ja auch nicht mit verklärtem Augenaufschlag zu einem rein geistigen Höhenflug vom Boden ab, sondern er bleibt in dieser Welt und übernimmt, als er selber König und damit endlich ganz er selbst wird, die Verantwortung für sein neu errungenes Reich, das er dann gemeinsam mit seiner Frau regiert.

Auch die schwarze Jungfrau gewinnt zunehmend an Bewußtheit, was sich, wie wir bereits gesehen haben, in ihrem Weißwerden anzeigt. Nachdem sie ganz weiß geworden ist, wird sie »Königstochter« genannt. Endlich ganz sie selbst und befreit aus der

Macht der »Großen Mutter«, wird sie in der Hochzeit mit dem Königssohn – als dem Bild für die Vereinigung der Gegensätze – die Königin an seiner Seite.

Die Selbstwerdung geschieht nicht im luftleeren Raum, sondern vollzieht sich in dieser Welt und im lebendigen Umgang mit ihr. Ja man könnte sagen, daß der Versuch, sich bei der Selbstwerdung an der realen Welt vorbeizumogeln, einen reifen Entwicklungsprozeß geradezu ausschließt.

Ebenso soll noch einmal betont werden, daß die coniunctio oppositorum, die Vereinigung der Gegensätze, auf der innerseelischen Ebene, also die gelungene Verbindung zwischen dem bewußten Ich und der Anima beziehungsweise dem Animus im allgemeinen nur möglich ist in der erlebten und erlittenen Begegnung mit realen Partnern. Die Erfahrungen mit dem inneren und dem äußeren Partner bedingen und befruchten einander immer wieder. Dann wird eine Frau die Erlösung nicht allein durch das Erscheinen eines Prinzen in der äußeren Realität erhoffen. Sie weiß ja, daß der Prinz, der sie erlösen kann, eine männliche Kraft in ihr selber ist, die zur rechten Zeit kommen – das heißt bewußt werden – und eingreifen wird, wenn sie offen für sein Kommen ist. Und der Mann braucht nicht mehr seiner unsterblich Geliebten, von der er sich die Erfüllung und beständige Beglückung für den Rest seines Lebens erträumt, bis ans Ende der Welt nachzujagen, wohnt doch seine Erlöserin mit ihrer heilenden weiblichen Kraft in ihm selber. Das schließt keinesfalls aus, daß wir immer wieder beglückende Erlebnisse haben, aber auch von unsäglichen Leiden heimgesucht werden, wenn sich die Auseinandersetzung mit unserem inneren Partner, also dem Animus beziehungsweise der Anima, an der Begegnung mit äußeren Partnern im realen Leben entzündet.

Es ist am Ende des Märchens wunderschön beschrieben, wie Männliches und Weibliches in der gegenseitigen Erlösung zusammenwirken, wie die Jungfrau durch den ausdauernden Mut des Königssohns in den Qualnächten immer weißer, das heißt bewußter wird und dadurch die Fähigkeit erlangt, heilsam auf den Königssohn einzuwirken, so daß dieser, von allen Schmerzen befreit, sich wieder frisch und gesund fühlt. Danach sind beide ganz frei, jeder für sich, aber auch für den anderen. Dann weiß die Königstochter auch, was nun zu tun ist, um den Zauber endgültig zu lösen, und gibt dem Königssohn die entscheidende Anweisung: »Steh auf und schwing dein Schwert dreimal über die Treppe.« (Hier sei noch einmal auf die Ähnlichkeit mit der Zauberflöte hingewiesen, wo Pamina im entscheidenden Augenblick die Führung übernimmt mit den Worten: »Ich werde allerorten an deiner Seite sein. Ich selbsten führe dich, die Liebe leitet mich«, und dann folgt ihre Anweisung: »Spiel' du die Zauberflöte an; sie schütze uns auf uns'rer Bahn.«) Die Königstochter fordert damit seine ihm jetzt erst ganz zur Verfügung stehende männliche Potenz heraus. Nach der Phase des passiven Erduldens kann er jetzt wieder aktiv werden. Das Schwert gilt zwar als Phallussymbol – es wird ja in die Scheide gesteckt –, aber hier ist Potenz in einem viel umfassenderen als nur im sexuellen Sinn gemeint. Denn das Schwert-Führen kann sehr wohl auch in einem geistigen Sinne verstanden werden. Es symbolisiert die männliche Kraft im weltlichen und geistigen Bereich sowie die Machtfülle des im Einklang mit seinem Selbst stehenden Menschen, gleich welchen Geschlechts.

Der Königssohn soll das Schwert über die Treppe schwingen. Die Treppe steht für den Stufenweg ins Unbewußte und damit auch für den Weg zu höherer Bewußtheit. Damit wird angedeutet, wie im Prozeß der Selbstwerdung eine stärkere Verbindung und Durchlässigkeit zwischen Bewußtsein und Unbewußtem entsteht.

Abschließend will ich noch kurz beschreiben, welche beiden Wege nach Jung zur Selbstwerdung führen können. Da ist einmal die Analyse als eine künstliche Situation, die gleichsam eine psychische Treibhausatmosphäre schafft, welche die Bedingungen für den Ablauf des Entwicklungsprozesses fördert.

Aber warum gibt es so viele reife und weise Menschen, die sich keiner Analyse unterzogen haben? Sie sind den zweiten, den natürlichen Weg gegangen, der der »Freilandkultur« entspricht, indem sie bestimmte Lebenssituationen, die mit Spannungen, Ängsten oder gar chaotischen Umständen verbunden waren, ganz einfach ausgehalten und in den entscheidenden Augenblicken die Winke Gottes – das sind die vom Selbst kommenden Impulse und Weisungen – erkannt haben und ihnen gefolgt sind.

»... ohne einen Laut von dir zu geben«

Furchtlosigkeit im Wandel

»›Drei Nächte mußt du in dem großen Saal des verwünschten Schlosses zubringen, aber es darf keine Furcht in dein Herz kommen. Wenn sie dich auf das ärgste quälen und du hältst es aus, ohne einen Laut von dir zu geben, so bin ich erlöst; das Leben dürfen sie dir nicht nehmen.‹ Da sprach der Königssohn: ›Ich fürchte mich nicht, ich will's mit Gottes Hilfe versuchen.‹«

Seit ich mich mit diesem Märchen beschäftige, habe ich mich immer wieder gefragt, warum sich der Königssohn eigentlich vor nichts fürchtet, wie es der Märchentitel behauptet. Und: Fürchtet er sich wirklich nicht? Will das Märchen Furchtlosigkeit als Ideal verstanden wissen? Mir will das Fehlen von Furcht und Angst im Leben eines Menschen zunächst einmal eher als ein Defizit erscheinen, gehört doch das Erleben von Furcht und Angst zu den Grunderfahrungen menschlichen Lebens. (Die oft gemachte Unterscheidung zwischen Angst und Furcht – bei letzterer würde man sich demzufolge vor etwas Bestimmtem fürchten, während die Angst einen unbestimmten Charakter habe –, erscheint mir wenig sinnvoll und im Zusammenhang mit unserem Märchen bedeutungslos.)

Das Märchen, das in der Sammlung der Gebrüder Grimm unmittelbar vor dem unseren steht, berichtet ja auch »Von einem, der auszog, das Fürchten zu lernen«. Der wußte genau, daß ihm, weil er sich nicht fürchten konnte, etwas fehlte, und so begab er sich auf eine lange Suchwanderung, um diese ihm bisher unbekannte Erfahrung endlich einmal zu machen und damit seiner Ganzheit ein Stück näher zu kommen.

Solche Probleme scheint unser Königssohn zunächst nicht zu haben, er ist sich eines Defizits in dieser Hinsicht nicht bewußt. Aber das macht ihn mir nicht sympathischer. Auf mich wirkt sein allzu forsches Auftreten im ersten Teil des Märchens sehr überheblich. Es ist wohl auch nur dadurch möglich, daß er die Angst einfach verdrängt. »Jede Entwicklung, jeder Reifungsschritt ist mit Angst verbunden... Alles Neue, Unbekannte, erstmals zu Tuende oder zu Erlebende wird mit einer gewissen Angst erlebt, die neben dem Reiz des Neuen, der Lust am Abenteuer und der Freude am Risiko steht.«[27]

Demnach hätte doch auch der Königssohn unbedingt Angst und Furcht erleben müssen. Er kann sich auch nicht darauf berufen, halt ein tapferer Kerl gewesen zu sein. Denn nach Josef Pieper ist Tapfer-Sein und Keine-Furcht-Haben nicht dasselbe. »Ja, die Tapferkeit schließt eine bestimmte Art von Furchtlosigkeit geradezu aus, nämlich jene Furchtlosigkeit, die auf einer falschen Einschätzung und Bewertung der Wirklichkeit beruht... Tapferkeit setzt in einem bestimmten Sinne voraus, daß der

Mensch sich vor dem Übel fürchtet; ihr Wesen liegt nicht darin, keine Furcht zu kennen, sondern darin, sich durch die Furcht nicht zum Bösen zwingen oder von der Verwirklichung des Guten abhalten zu lassen.«[28]

Genau hier liegt das Problem des Königssohns in der ersten Lebenshälfte. Er schätzt die Wirklichkeit falsch ein, er hat einen überheblichen und fast schon an Tollkühnheit grenzenden »Mut«, der einer noch zu großen Naivität und Unerfahrenheit entspringt. So furchtlos kann der junge Held nur sein, weil er die wahren Zusammenhänge noch nicht kennt. Schließlich landet er ja auch mehrmals am Rande des Abgrundes, fehlgeleitet von seinem falschen Selbst, ohne daß er in seiner Blindheit die reale Situation erkennen konnte.

Ich glaube, wir können die Tatsache, daß der Königssohn sich vor nichts fürchtet, nur dann richtig verstehen und einordnen, wenn wir von der Annahme ausgehen, daß sich die Art seiner Furchtlosigkeit durch seine Erfahrungen in der Krise der Lebenswende und zu Beginn der zweiten Lebenshälfte grundlegend gewandelt hat. Wenn dies auch im Märchen nicht ausdrücklich betont wird, so läßt die Beobachtung seines Verhaltens vor und nach der Krise der Lebenswende doch den Schluß zu, daß seine Furchtlosigkeit in der zweiten Lebenshälfte eine ganz andere, reifere und »menschlichere« Qualität bekommen hat. Diese gewandelte Furchtlosigkeit steht dann auch jener Tapferkeit sehr nahe, deren Eigenschaften Josef Pieper sehr eindrücklich aufzählt: Das Eigentliche der Tapferkeit sei nicht der Angriff, sondern das Standhalten. Zur Tapferkeit gehöre notwendig Geduld, und geduldig sein heißt in diesem Zusammenhang, »sich durch die Verwundungen, die aus der Verwirklichung des Guten erwachsen, nicht die Heiterkeit und Klarsichtigkeit der Seele rauben lassen«. Eine höhere Form der Tapferkeit »gebe der Seele die Kraft, nicht erschreckt zu werden durch den Eintritt in die höhere Welt«. (Die Begegnung mit den archetypischen Gestalten des kollektiven Unbewußten und den numinosen Aspekten des Selbst kann uns sehr wohl mit Furcht und Schrecken erfüllen.) Der Tapfere »geht um der Vollendung der Liebe willen auf das Furchtbare zu; er fürchtet sich nicht, um des Lebens willen sein Leben zu verlieren . . . Der Mensch ›entsichert‹ sich; er übergibt sich vertrauend in die Verfügungsgewalt höherer Mächte; er ›riskiert‹ sein unmittelbares Wohlsein; er löst die ichhafte Verkrampfung, mit der ein ängstlicher Sicherheitswille sich festhalten möchte . . . Tapfer sein heißt nicht nur: im Kampfe für die Verwirklichung des Guten Verwundung und Tod hinnehmen, sondern auch: auf den Sieg hoffen. Ohne diese Hoffnung ist Tapferkeit unmöglich.«[28]

Ich habe diese Aussagen Piepers über die Tapferkeit so ausführlich zitiert, weil sie so ganz der Furchtlosigkeit entsprechen, wie sie sich beim Königssohn im Laufe seines Wandlungsprozesses entwickeln konnte. Hat er nicht alle eben genannten Qualitäten der Tapferkeit bei der Erlösung der schwarzen Jungfrau unter Beweis gestellt? In den Qualnächten wurde von ihm kein Angriff gefordert, sondern erwartet, daß er standhalten könne, daß er geduldig sei und sich durch die Verwundungen nicht seine Heiterkeit nehmen und seinen klaren Blick nicht trüben lasse. Er ließ sich nicht erschrecken durch seinen mit leidvollen Erfahrungen verbundenen Eintritt in eine höhere Welt. Auch ging er aus Liebe zu der Jungfrau auf das Furchtbare zu und fürchtete um ihres und seines eigenen höheren Lebens willen auch nicht den Tod. Er gab alle seine Sicherheit auf und überließ sich der Führung höherer Mächte. Die Hoffnung auf den Sieg aber war so stark in ihm, daß er voller Zuversicht auch die schlimmsten Qualen aushielt, auch wenn er dabei sein Bewußtsein verlor und schließlich ganz ohnmächtig dalag.

Ein solch tapferer Mensch brauchte sich seiner Furcht wahrlich nicht zu schämen. Ich glaube sehr wohl, daß der Königssohn sich im Laufe des schmerzlichen Wandlungsprozesses tatsächlich gefürchtet hat. Denn wenn wir die entsprechenden Stellen noch einmal aufmerksam nachlesen, so heißt es nur in der ersten Nacht, daß er keine Furcht hatte. Aber auch im ausdrücklichen Verschweigen dieser Tatsache in den folgenden Nächten liegt eine Aussage. Schließlich kann man ja nicht erwarten, daß das Märchen betont darauf hinweist, der Held habe Angst gehabt. Verdächtig erscheint mir auch, daß der Königssohn in entscheidenden Situationen sich selber vorsagt: »Ich fürchte mich nicht«, um nur ja keine Angst aufkommen zu lassen.

Der Ausspruch der schwarzen Jungfrau, als sie ihn um ihre Erlösung bittet: »Es darf keine Furcht in dein Herz kommen«, lenkt unsere Aufmerksamkeit auf eine besondere Qualität der Furcht hin. Hier ist wohl die Furcht vor dem Gefühl gemeint. Viele Männer kennen diese Angst vor dem Gefühl, wenn es um die intensive und verbindliche Beziehung zu einer Frau geht, aber noch mehr Männern bleibt diese Angst unbewußt. Sie wirkt dann aus dem Unbewußten heraus zerstörerisch in ihre Beziehungen hinein.

Wer aber die Qualnächte in der unausweichlichen Konfrontation mit dem schmerzlichen Gefühl des Alleinseins durchgestanden hat, der braucht sich nicht mehr zu fürchten, der ist mit Schmerz und Schrecken und Tod vertraut geworden, den kann letztlich nichts mehr beunruhigen. Wer einmal die tiefste Einsamkeit durchlitten hat, der hat auch keine Angst mehr vor dem Gefühl in einer Zweisamkeit. Ja man kann sogar sagen, daß die Erfahrung und Bewältigung des Alleinseins eine Grundvoraussetzung für eine reife Partnerschaft sei. Darum gehen im Märchen der Hochzeit die drei Qualnächte in der Abgeschiedenheit des Saales im Schloß voraus.

Die tiefgreifende Wandlung der Furchtlosigkeit aber hängt zusammen mit dem Prozeß der Selbstwerdung. In dem Maße, wie der Königssohn das Selbst als göttliche Kraft und Mitte in sich erlebt als jenen unendlichen Brennpunkt, von dem wir im vorigen Kapitel gesprochen haben, der mit dem Ich als dem endlichen Brennpunkt in einer dynamischen Beziehung verbunden ist, gewinnt die Furchtlosigkeit noch eine weitere Dimension. Der Königssohn spricht diese Ebene ahnungsvoll an, als er der Jungfrau antwortet: »Ich fürchte mich nicht, ich will's mit Gottes Hilfe versuchen.« Er will also den Versuch wagen, die Angst auszuhalten, indem er sich der

Führung des Selbst vertrauensvoll überläßt. »Wer Gott fürchtet, wird vor nichts zittern« (Sirach 34,16). Das können wir nach allem bisher Gesagten auch so verstehen: Wer seinem Selbst in Ehrfurcht gegenübersteht, den kann letztlich nichts mehr erschrekken. Die Gottesfurcht ist die ehrfürchtige Anerkennung einer höheren, unser Bewußtsein überragenden Macht, sie ist die angemessene Haltung dem Numinosen gegenüber, welches das Selbst in seiner »Göttlichkeit« für uns darstellt. »In der Furcht des Herrn liegt die Zuversicht des Starken« (Sprüche 14,26). So können auch ehrwürdige Worte aus dem Alten Testament für uns eine ganz neue Bedeutung gewinnen, wenn wir dabei nicht an einen fernen, außer uns existierenden Gott denken, sondern uns auf ein Zwiegespräch mit unserem Selbst einlassen, dem »Gott« in uns, an dessen Unendlichkeit wir teilhaben.

Und wenn ich je in Einklang gekommen bin mit mir selber, wenn ich spüre, wie von meinem Selbst her eine neue, bisher nicht gekannte Kraft meine Adern durchdringt, wenn ich am unaufhörlichen Gegenwärtigsein meines Selbst nicht mehr zweifle und unerschütterlich auf seine Hilfe baue, wenn ich mich voll Vertrauen der Führung seines Sterns überlasse, dann kann es mir in dunklen Stunden, in denen es mir ganz dreckig geht und mir das Wasser bis zum Halse reicht, so daß ich nicht mehr ein noch aus weiß, eine wahre Hilfe sein, zu meinem Selbst zu sagen: »Wenn ich auch wandere mitten im Schatten des Todes, ich fürchte kein Unheil, denn du bist bei mir« (Psalm 23).

Bitte freimachen

Antwort

An den
Kreuz Verlag
Postfach 245

CH - 8034 Zürich

Liebe Leserin, lieber Leser,

Wir informieren Sie gerne über weitere Bücher und die Zeitschriften aus dem Kreuz Verlag. Schicken Sie einfach diese Karte ausgefüllt zurück. Übrigens: Wenn Sie gerade Zeit und Lust haben, beantworten Sie doch die umseitigen Fragen. Ihre Antworten würden uns helfen, unsere Arbeit effektiver und noch besser auf unsere Leser zugeschnitten zu tun. Herzlichen Dank! Es grüsst Sie

Ihr
Kreuz Verlag

Dieter Breitsohl
Verleger

P.S. Wenn Sie Ihre Karte mit dem ausgefüllten Fragebogen an uns zurück senden, wartet eine **Überraschung** auf Sie! Sie können bei unserer **wöchentlichen Verlosung** unter den Einsendungen eines von zehn Buchgeschenken gewinnen!

Ich nehme an dem wöchentlichen KREUZ Gewinnspiel teil: Hier meine Antworten.

Haben Sie dieses Buch
☐ gekauft ☐ geschenkt bekommen?

Sind Sie auf dieses Buch aufmerksam geworden durch
☐ Ihren Buchhändler ☐ Empfehlung
☐ Werbung; Besprechung in ☐ Funk ☐ TV
☐ Zeitung/Zeitschrift

Wie hat Ihnen dieses Buch gefallen?
☐ sehr gut ☐ geht so ☐ gar nicht

Kannten Sie den KREUZ Verlag bereits?
☐ ja ☐ nein

Welche Titel/Themen vermissen Sie bei KREUZ?

Wo kaufen Sie Ihre Bücher?
☐ Bei meinem Buchhändler ☐ Bahnhofsbuchhandel ☐ Versandbuchhandel ☐ Kaufhaus

Wie viele Bücher kaufen Sie wohl pro Jahr?
☐ 1 bis 2 ☐ ca. fünf ☐ ca. zehn ☐ mehr

Verschenken Sie Bücher?
☐ ja ☐ nein

Welche Zeitschriften lesen Sie regelmäßig?

Verraten Sie uns Ihr Alter? _____ Jahre.

☐ **Bitte informieren Sie mich regelmässig über die Bücher aus dem KREUZ Verlag.**

Folgende Themen interessieren mich besonders:

01 ☐ Religion und Spiritualität
02 ☐ Psychologie und Lebenshilfe
03 ☐ Tod und Sterben
04 ☐ Märchen, Mythen, Symbole
05 ☐ Frauenthemen
06 ☐ Bücher zum Verschenken
07 ☐ Die Bücher aus der Edition Schaffer
08 ☐ Gesamtprogramm/Neuerscheinungen
09 ☐ Medizin und Gesundheit
10 ☐ Ratgeber
00 ☐ Bitte informieren Sie mich auch über die religiösen Zeitschriften aus dem KREUZ Verlag

Vorname/Name oder Institution

Strasse, Nr.

PLZ/Wohnort

Beruf

Diese Karte entnahm ich dem Buch:

ANMERKUNGEN

1 Roth, Eugen: »Der Wunderdoktor«, Sämtliche Werke, Bd. I, Copyright Hanser Verlag, München–Wien 1977
2 Rilke, Rainer Maria: »Das Stunden-Buch«, Werke in drei Bänden, Band I, Copyright Insel Verlag, Frankfurt am Main 1966
3 Saint-Exupéry de, Antoine: »Der kleine Prinz«, Düsseldorf 1975
4 Schliephacke, Bruno P.: »Bildersprache der Seele«, Berlin 1979
5 Weber-Schäfer, Peter: »Zen«, Frankfurt/M. 1964
6 Jung, C. G.: »Die Lebenswende«, Gesammelte Werke VIII, Olten 1977
7 Jung, C. G.: »Bewußtes, Unbewußtes und Individuation«, Zentralblatt für Psychotherapie, 1939
8 von Franz, Marie-Louise: »Die Erlösung des Weiblichen im Manne«, Frankfurt/M. 1980
9 von Franz, Marie-Louise: »Der Individuationsprozeß«, in: »Der Mensch und seine Symbole«, Olten 1968
10 Greene, Liz: »Kosmos und Seele«, Frankfurt/M. 1978
11 Wolff, Toni: »Studien zu C. G. Jungs Psychologie«, Zürich 1981
12 Miller, Alice: »Das Drama des begabten Kindes«, Frankfurt am Main 1979
13 Stifter, Adalbert: »Der Nachsommer«, München 1971
14 Dante, Alighieri: »Die Göttliche Komödie«, Übertragungen. (Stefan George, Werke, Bd. 10/11), Stuttgart 1969
15 Freud, Sigmund: »Aus den Anfängen der Psychoanalyse«, Frankfurt/M. 1962

16 Jung, C. G.: »Erinnerungen, Träume, Gedanken«, Zürich 1962
17 Ellenberger, Henry F.: »Die Entdeckung des Unbewußten«, Bern, Stuttgart, Wien 1973
18 Frey-Wehrlin, Caspar Toni: »Die Analytische (Komplexe) Psychologie Jungs in ›Die Psychologie des 20. Jahrhunderts‹«, Bd. III, Zürich 1977
19 Jung, C. G.: »Theoretische Überlegungen zum Wesen des Psychischen«, Gesammelte Werke VIII, Olten 1977
20 Strauß, Botho: »Die Widmung«, München 1977
21 Bergman, Ingmar: »Szenen einer Ehe«, Hamburg 1975
22 Schulte, Walter: »Psychotherapeutisch-psychiatrisches Seminar«, Stuttgart 1967
23 Neumann, Erich: »Zur Psychologie des Weiblichen«, München 1975
24 Jung, Emma: »Animus und Anima«, Zürich 1967
25 Rilke, Rainer Maria: »Das Buch der Bilder«, Werke in drei Bänden, Band I, Copyright Insel Verlag, Frankfurt am Main 1966
26 Jung, C. G.: »Seele und Tod«, Gesammelte Werke VIII, Olten 1977
27 Riemann, Fritz: »Grundformen der Angst«, München 1961
28 Pieper, Josef: »Vom Sinn der Tapferkeit«, München 1959

Weisheit im Märchen

Neben dem vorliegenden Band sind erschienen:

Barz · Blaubart
Bog · Das Wasser des Lebens
Dieckmann · Der blaue Vogel
Eschenbach · Hänsel und Gretel
Hark · Der Gevatter Tod
Jellouschek · Der Froschkönig
Jellouschek · Die Froschprinzessin
Kast · Ali Baba und die vierzig Räuber
Kast · Der Teufel
mit den drei goldenen Haaren
Kaufmann · Der gestiefelte Kater
v. Keyserlingk · Brüderchen und Schwesterchen
Müller L. · Das tapfere Schneiderlein
Müller R. · Jorinde und Joringel
Riedel · Hans mein Igel
Rinne · Die Gänsemagd
Seifert · Schneewittchen
Steffen · Die zwei Brüder
Waiblinger · Dornröschen
Waiblinger · Rumpelstilzchen
Wöller · Aschenputtel
Zielen · Hans im Glück

Kreuz Verlag

Zauber der Mythen

Rosmarie Bog · Die Hexe
Schön wie der Mond – häßlich wie die Nacht

Hans Jellouschek · Semele, Zeus und Hera
Die Rolle der Geliebten in der Dreiecksbeziehung

Verena Kast · Sisyphos
Der alte Stein – der neue Weg

Lutz Müller · Der Held
Jeder ist dazu geboren

Jörg Rasche · Prometheus
Der Kampf zwischen Sohn und Vater

Ingrid Riedel · Demeters Suche
Mütter und Töchter

Olga Rinne · Medea
Das Recht auf Zorn und Eifersucht

Theodor Seifert · Weltentstehung
Die Kraft von tausend Feuern

Tonius Timmermann · Die Musen der Musik
Stimmig werden mit sich selbst

Angela Waiblinger
Große Mutter und göttliches Kind
Das Wunder in Wiege und Seele

Kreuz Verlag

Weisheit im Märchen

Neben dem vorliegenden Band sind erschienen:

BARZ · BLAUBART

BOG · DAS WASSER DES LEBENS

DIECKMANN · DER BLAUE VOGEL

ESCHENBACH · HÄNSEL UND GRETEL

HARK · DER GEVATTER TOD

JELLOUSCHEK · DER FROSCHKÖNIG

JELLOUSCHEK · DIE FROSCHPRINZESSIN

KAST · ALI BABA UND DIE VIERZIG RÄUBER

KAST · DER TEUFEL
MIT DEN DREI GOLDENEN HAAREN

KAUFMANN · DER GESTIEFELTE KATER

v. KEYSERLINGK · BRÜDERCHEN UND SCHWESTERCHEN

MÜLLER L. · DAS TAPFERE SCHNEIDERLEIN

MÜLLER R. · JORINDE UND JORINGEL

RIEDEL · HANS MEIN IGEL

RINNE · DIE GÄNSEMAGD

SEIFERT · SCHNEEWITTCHEN

STEFFEN · DIE ZWEI BRÜDER

WAIBLINGER · DORNRÖSCHEN

WAIBLINGER · RUMPELSTILZCHEN

WÖLLER · ASCHENPUTTEL

ZIELEN · HANS IM GLÜCK

KREUZ VERLAG

Zauber der Mythen

ROSMARIE BOG · DIE HEXE
Schön wie der Mond – häßlich wie die Nacht

HANS JELLOUSCHEK · SEMELE, ZEUS UND HERA
Die Rolle der Geliebten in der Dreiecksbeziehung

VERENA KAST · SISYPHOS
Der alte Stein – der neue Weg

LUTZ MÜLLER · DER HELD
Jeder ist dazu geboren

JÖRG RASCHE · PROMETHEUS
Der Kampf zwischen Sohn und Vater

INGRID RIEDEL · DEMETERS SUCHE
Mütter und Töchter

OLGA RINNE · MEDEA
Das Recht auf Zorn und Eifersucht

THEODOR SEIFERT · WELTENTSTEHUNG
Die Kraft von tausend Feuern

TONIUS TIMMERMANN · DIE MUSEN DER MUSIK
Stimmig werden mit sich selbst

ANGELA WAIBLINGER
GROSSE MUTTER UND GÖTTLICHES KIND
Das Wunder in Wiege und Seele

KREUZ VERLAG